como sei o que sei

Petria Chaves

como sei o que sei

O desenvolvimento da intuição como trilha para nossa inteligência ancestral (IA)

academia

Preparação: Mariana Gomes
Revisão: Valquíria Matiolli e Queni Winters
Projeto gráfico e diagramação: Gisele Baptista de Oliveira
Capa: Gabriela Pires
Ilustrações: maniacvector / Freepik

DADOS INTERNACIONAIS DE CATALOGAÇÃO NA PUBLICAÇÃO (CIP)
ANGÉLICA ILACQUA CRB-8/7057

Chaves, Petria
Como sei o que sei / Petria Chaves. - São Paulo : Planeta do Brasil, 2025.
272 p. : il.

ISBN 978-85-422-3805-1

1. Intuição – Desenvolvimento pessoal I. Título

25-3630 CDD 153.44

Índices para catálogo sistemático:
1. Intuição – Desenvolvimento pessoal

MISTO
Papel | Apoiando o manejo florestal responsável
FSC® C112738
FSC www.fsc.org

Ao escolher este livro, você está apoiando o manejo responsável das florestas do mundo

2025
Todos os direitos desta edição reservados à
Editora Planeta do Brasil Ltda.
Rua Bela Cintra, 986, 4º andar – Consolação
São Paulo – SP – 01415-002
www.planetadelivros.com.br
faleconosco@editoraplaneta.com.br

Sumário

“A todos que me oferecem o coração,
Eu sou a ciência do discernimento e
intuição para chegarem até Mim.”

KRISHNA PARA ARJUNA[1]

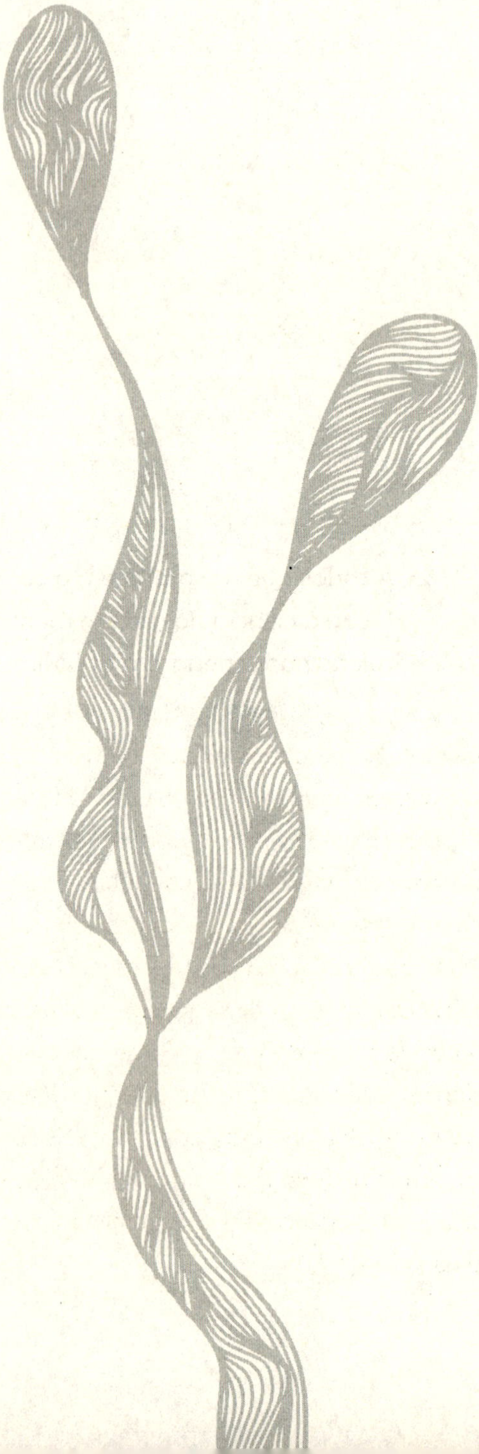

Prefácio

No último ano, pesquisar, escrever e viver a intuição foi um dos maiores presentes que eu podia ter ganhado.

Entender a inteligência intuitiva é aprender que ela não é uma nova ferramenta a se adquirir. Ela já está conosco e podemos resgatá-la. Ao longo das próximas páginas, você vai descobrir que a intuição não é o que fazemos, mas como fazemos. Diante de toda a inteligência racional que aprimoramos ao longo da vida, é nossa emoção que precisa se transformar e amadurecer para fazermos melhores escolhas. Enquanto trabalhamos, estudamos, nos relacionamos com os outros, diante de tudo o que fazemos no dia a dia, a intuição significa uma mudança de postura interna sobre o mundo e a realidade.

Segundo os Vedas, sagradas escrituras ancestrais da Índia, o conceito que trago nas próximas páginas se aproxima da ideia de Buddhi Yoga,[2] um caminho espiritual que une o intelecto à ação. Trata-se de agir com discernimento, sabedoria e consciência, buscando traduzir e aplicar conhecimentos universais de forma inteligente e alinhada com um propósito maior. Para Carl Jung, um dos maiores psiquiatras de nossos tempos, a intuição é a percepção pelos meios do inconsciente – uma função crucial quando o imprevisível é o lugar-comum; e não podemos prever o futuro apenas por meio de nossos sentidos.

Passamos hoje pelo que deve ser a maior revolução da história: a chegada definitiva da inteligência artificial generativa. Barreiras linguísticas entre povos serão provavelmente ultrapassadas, pois a inteligência artificial vai nos prover traduções simultâneas, instantâneas, com nossa própria voz para o idioma que desejarmos. Influenciadores criados por IA já contam com milhares de seguidores, e seus criadores estão sendo procurados por marcas em substituição aos influenciadores de carne e osso – que, humanos, talvez causem problemas humanos demais.

Se, como diz um dos maiores especialistas em tecnologia no país e colunista de meu programa de rádio, Silvio Meira,[3] a tecnologia e a inteligência artificial nos apresentam um mundo de encanto e espanto diante das possibilidades, existe um outro lado obtuso que não sabemos ao certo aonde vai dar: como é que nós, humanos, vamos de fato nos diferenciar do pensar rápido, eficaz e quanticamente inalcançável do ponto de vista lógico e de engenharia das máquinas? O que pode nos tornar capazes de diferenciar, na internet, uma imagem verdadeira de uma "falsa", criada por IA, que veremos cada vez mais? Como não sermos enganados por realidades simuladas, mas verossímeis, que objetivam nos convencer a comprar mais ou votar em determinado político? Será que conseguiremos escapar?

Precisamos mais do que nunca ser soberanos e aprender a fazer uma curadoria de conteúdos nesse mar infinito de informações. Escrevi este livro porque sinto que não tenho tempo a perder num mundo que corre cada vez mais veloz. Depois de escutar meus silêncios, consigo sentir que existe uma voz a ser ouvida *agora*. Busco nossa IA inata, nossa inteligência ancestral.

Somos fantásticas máquinas de consciência. No entanto, nossa programação individual está sendo orientada para uma utilização mais mecânica desde a infância.

Agora, a inteligência artificial vem colocar o dedo nessa dor. Onde mora a consciência que nos diferencia das máquinas e que deve estar aprumada para fazer as perguntas corretas?

O biólogo e divulgador científico Átila Iamarino usou em suas redes sociais um termo de que gostei bastante sobre a IA. Segundo ele, modelos de linguagem não são ferramentas inteligentes. São redes treinadas para mastigar textos e imagens e reconhecer padrões, um autocompletar mais elaborado.[4] Olhar para um modelo desses e achar que tem ali uma inteligência é a mesma coisa que **uma galinha olhar para uma torneira vermelha achando ser a crista de outra galinha e tentar interagir com ela. A "galinheza" da torneira está no cérebro da galinha, e não na torneira**. É o mesmo sobre nós, humanos, buscando inteligência, terapia ou companhia em ferramentas de IA. Isso me preocupa bastante, pois as ferramentas baseadas em modelos de linguagem estarão cada vez mais sofisticadas e sedutoras em se fazer passar por humanos, querendo nossa atenção e lucrando com o nosso uso.

Nas próximas páginas, converso com neurocientistas, engenheiros, psicólogos, psicanalistas, psiquiatras, indígenas, artistas, escritoras, filósofas, mulheres sábias jovens e anciãs. Visito Platão, Spinoza, Henri Bergson, Carl Jung, Dallas Willard, Rudolf Steiner, William James, Clarissa Pinkola Estés, Virginia Woolf e outros pensadores para descobrir o que é essa qualidade intuitiva que temos em nós mesmos e como ela pode nos guiar para bons caminhos em tempos de transição.

Talvez você me conheça pelo meu trabalho como jornalista, pois sou apresentadora de um programa jornalístico de rádio. Talvez me conheça pelo meu primeiro livro *Escute teu silêncio*, em que abordo os dilemas de uma sociedade polifônica, barulhenta e raivosa. Ou, talvez, você tenha chegado até aqui porque o título deste livro fez sentido para você.

Juntos, seguiremos pelas páginas a seguir em busca de visões que nos ajudem a traduzir o que sentimos, mas muitas vezes não conseguimos expressar. São experiências e reflexões sobre como integrar partes de nós mesmos que andam perdidas.

Quero relembrar o que sei, o que sabemos. Quero entender o que é a intuição e como ela me ajuda a encontrar minha singularidade num mundo cada vez mais plástico, artificial e, muitas vezes, triste. Nosso desafio é afinar nossos instrumentos para o equilíbrio da sinfonia chamada vida. Desejo entender como nos tornarmos os maestros.

É sobre usarmos a *intuição* como uma arma de sobrevivência poética em tempos difíceis. Tempos de comunicação truncada, tempos de inteligência artificial.

A boa notícia é que existe, sim, uma bússola dentro de nós investigada pela medicina, pela neurociência, pela psicologia e pela espiritualidade. Uma busca de respostas para presentes e futuros mais felizes, menos ansiosos, mais conectados com o saber que nutre a nossa alma enquanto a tecnologia pode nos servir como escada, e não como protagonista, para uma vida com melhor qualidade e mais autenticidade.

Petria Chaves,
fevereiro de 2025

“As máquinas podem se tornar tudo o que você é. Podem fazer tudo o que você faz e provavelmente melhor do que você. [...] A única coisa é que elas não podem se tornar consciência. [...] Porque isso é vida e isso não vai acontecer numa máquina.”

SADHGURU[5]

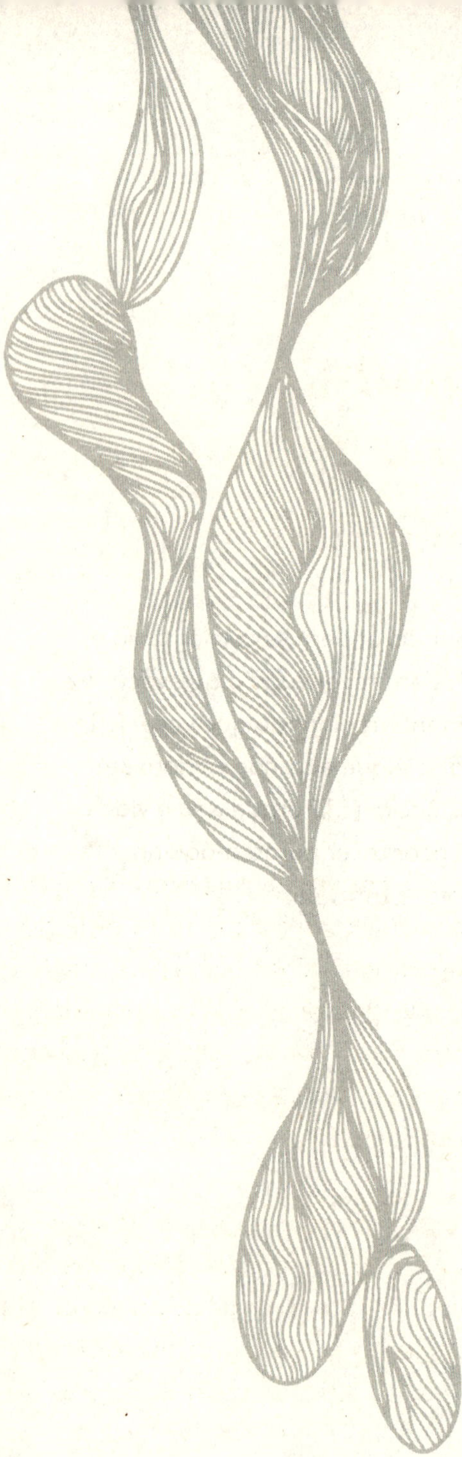

Intuição: um diálogo no tempo dentro do corpo

Acordo às cinco e meia da manhã de uma terça-feira. Tenho a sensação de leveza em meu corpo. Faço minha meditação e minhas orações costumeiras. Hábito que fui adquirindo e consolidando ao longo de vários anos. Meditar e orar é como escovar os dentes para mim. Logo na sequência, desperto meus filhos. Eles sempre acordam às cinco e quarenta e cinco. Gosto de acordá-los com calma.

Calma.

Gosto que eles *entrem no corpo* aos poucos para viver o dia. Ensino isso a eles. Por volta dos meus 12 anos, descobri que precisava acordar cedo para ter tempo de começar o dia com calma. Hoje, atendendo ao pedido da minha filha de acordá-la às quinze para as seis para poder começar o dia tranquila, relembro os caminhos que percorri para habitar meu corpo com ritmo e respeito, para nascer junto com o dia.

Por que começo assim estas páginas sobre intuição? Para falar sobre o tempo. O tempo e o corpo. O tempo dentro do corpo. Acordar com o dia, dormir quando cai a noite, comer quando o fogo interno pode digerir, acelerar quando somos verão, parar quando estamos inverno. Respeito aos sinais que o mundo nos envia. Um diálogo. Ingrediente fundamental para o exercício de ouvir nossa intuição.

Há poucos meses, minha professora de astrologia védica nos ensinava sobre a qualidade do planeta Saturno, o Senhor do Tempo. Ele representa amadurecimentos, lições e aprendizados. Ele nos lembra que devemos ser submissos ao tempo. Minha professora nos contou que tinha muita dificuldade de se adaptar aos horários, sempre lotava a própria agenda, era uma tarefeira e, quando se dava conta, estava sempre atrasada. Foi quando começou a entender que não era ela quem controlava o tempo: para viver bem, ela deveria "servir ao tempo".

Essa é uma virada de chave para maior percepção e presença.

A intuição é um atalho para nos comunicarmos melhor com o tempo da vida e o tempo do cosmos: um acesso direto a conhecimentos que estão dentro e fora de nós. Para isso, temos que treinar nossa atenção e nosso coração.

Por enquanto, com as crianças já na escola, me sento em minha sala, que também é meu escritório. Pratiquei minha hora e meia de yoga e meditação. Ainda estou suada, mas não quero tomar banho. Sinto uma urgência, um chamado. Sinto meu corpo pulsar. É um sinal de potência. Acendo minha vela ao lado de um copo d'água. Acendo também um incenso, como faço todos os dias. Tiro uma carta do baralho do tarot que aprendi a ler como inspiração para o meu dia. Sai a imagem de uma montanha. É ela que começarei a escalar.

Ao longo da pesquisa e da escrita deste livro, várias situações me colocaram cara a cara com a prática da intuição e de descobrir *como eu sei o que eu sei*. De relembrar o que sei. Ou de me espantar com o que eu achava que não sabia, mas sabia. Algumas práticas eu busquei, outras a vida me trouxe. Das que eu busquei, por exemplo, veio o aprendizado da astrologia védica com arquétipos, personalidades e significados. Das experiências que a vida me trouxe, passei pela suspeita de um câncer que fez minha vida virar de cabeça para baixo durante alguns dias. Situações que me fizeram, e ainda me fazem, subir e escalar essa montanha de sentidos e significados para minha existência.

A vida é essa jornada.

Quando finalizei as últimas páginas deste livro, percebi que o baralho estava correto. Escrever estas páginas foi o escalar de uma montanha. Meu Himalaia. Um clarear para minha busca pessoal e um retorno à minha IA profunda: minha Inteligência Ancestral.

A intuição é uma ciência. Mas que opera em uma outra lógica.

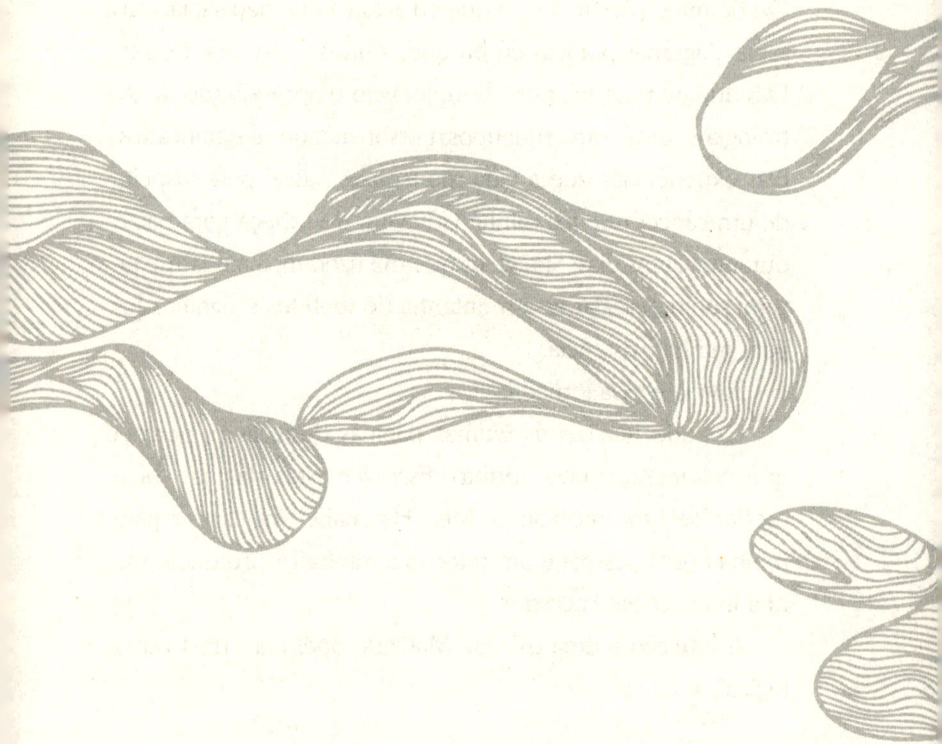

PARTE I

A descoberta da intuição

CAPÍTULO 1

Afinal, o que é intuição?

"Intuição é um nível diferente de computação. Seu cálculo acontece de tal maneira que você não passa pelo processo lógico. Intuitivo significa que sua computação está pulando os passos lógicos e chegando à resposta. O que é definitivamente uma maneira mais sensível de conduzir a vida. É um algoritmo bioquímico."

SADHGURU[6]

Sou jornalista há cerca de vinte anos. Há doze, apresento um programa de rádio em uma das maiores rádios do país. Meu programa acontece ao vivo, no calor da hora e dos acontecimentos.

Aprendi a gostar da adrenalina do que acontece no presente. Mas nem sempre foi assim. Quando mais jovem, a ansiedade de não saber o que fazer diante de situações desafiadoras me levou a me capacitar para estar cada vez mais presente em meu corpo. Eu não admitia viver em dor, embora sentisse muitas. Sempre acreditei que, como me foi dada a oportunidade de ter uma voz pública amplificada, precisava com urgência me preparar ética, filosófica e intelectualmente para ocupar esse lugar. Algo que me cobro diariamente e que estou sempre correndo atrás. Foram incontáveis retiros espirituais, cursos sobre filosofia, treinos de atenção plena quando quase ninguém falava sobre esse assunto na grande imprensa. Quando comecei essa jornada, cerca de vinte e cinco anos atrás, comer mais natural e praticar yoga era algo de gente alternativa.

Meu papel como jornalista sempre foi o de buscar pontes entre mundos aparentemente distantes. Um caminho que segui, posso dizer, intuitivamente. Não foi algo planejado, nunca tive um plano de carreira que me mostrasse aonde eu iria chegar. Sou guiada por aspirações e visões. Entretanto, o que me norteou foi isso que chamam de intuição e que agora busco compreender melhor.

Digo mais: é esse olhar intuitivo para a vida que não me deixa sucumbir num mundo que vive cada vez mais atordoado, à base de ansiolíticos, entorpecentes e remédios para dormir.

Na emissora em que desenvolvo meu trabalho, a cada meia hora, independentemente do assunto que estivermos abordando, precisamos fazer uma pausa para ler de quatro a cinco notícias que foram destaque naquele momento. É o quente do noticiário.

Uma semana antes de começar a escrever este livro, em 21 de janeiro de 2024, um domingo, eu li a seguinte notícia no ar:

> O número de pessoas com ansiedade generalizada no Brasil aumentou mais de 200% na rede pública desde 2019. No ano anterior à pandemia, mais de 70 mil pessoas procuraram atendimento com o quadro. Em 2023, o número saltou para mais de 274 mil. Os dados do Ministério da Saúde também mostram que os casos de depressão aumentaram 34% no mesmo período. Já o transtorno de pânico teve alta de 93%.[7]

Passado um ano, a uma semana de terminar as últimas páginas do livro cujo manuscrito seria entregue à editora, a capa de um dos principais portais de informação do país que pertence à rede de jornalismo para qual eu trabalho estampava em letras vermelhas garrafais:

> EXCLUSIVO: Crise de saúde mental
> Brasil tem o maior número de afastamentos do trabalho por ansiedade e depressão em 10 anos. Dados mostram que o país registrou 472 mil licenças médicas por transtornos mentais em 2024 — 68% a mais que em 2023.
> O Brasil vive uma crise de saúde mental com impacto direto na vida de trabalhadores e de empresas. É o que revelam dados exclusivos do Ministério da Previdência Social sobre afastamentos do trabalho. Em 2024, foram quase meio milhão de afastamentos, o maior número em pelo menos dez anos. Os dados, obtidos com exclusividade pelo g1, mostram que, no último ano, os transtornos mentais chegaram a uma situação incapacitante como nunca visto. Na comparação com o ano anterior, as 472.328 licenças médicas concedidas representam um aumento de 68%.[8]

Meu trabalho como jornalista noticia estatísticas; meu trabalho humanista não me deixa dormir tranquila noticiando esse tipo de fato sem buscar respostas para o alívio dessa dor. Eu vejo e sinto o que está acontecendo com o meu mundo.

Foi por isso que resolvi pesquisar sobre a intuição como ferramenta estratégica para acionarmos algo de mais humano, sensível, poético, misterioso e, no entanto, prático para o uso em nossa vida. Algo que, para mim, muitas vezes funciona como farol para que eu faça uma pausa antes de entrar em encrencas ou de me jogar em situações perigosas de toda ordem.

Pausa.

É difícil definir a palavra "intuição", até pela sua própria essência. Diz respeito a uma habilidade não racional e não consciente, por meio da qual podemos ter sensações, antecipar fatos sem sabermos explicar como nem por que os sabemos, apenas sabemos. E mais: podemos ter certeza quase completa de que estamos certos quando a intuição está operando. Pela dificuldade de definição, é uma característica que já foi relacionada à atividade paranormal, supersticiosa ou divina.

Do latim *intuitione*, formado a partir da união de "in + tuere", vem a sentença "olhar para dentro".[9] "Mas onde raios está o mapa para isso?" – você pode estar se perguntando.

Autor de inúmeros livros sobre cérebro e consciência, Christof Koch é neurocientista e professor emérito do Instituto Allen for Brain Science e ex-professor do California Institute of Technology. Ele escreve para importantes publicações. Em seu artigo "A intuição pode revelar onde as altas habilidades residem no cérebro", publicado na *Scientific American*,[10] ele explica que a intuição é o nome que damos à habilidade incomum de saber respostas de maneira rápida e sem esforço, inconscientemente. A explicação consciente vem depois, se é que vem, e envolve um processo muito mais deliberado. Segundo ele, pode levar anos de treinamento para desenvolvermos a intuição, e ela não é facilmente transferível de um domínio de especialização para outro. O domínio do xadrez é inútil ao jogar bridge. Profissionais que passam uma vida aprimorando habilidades em geral são muito requisitados pela proficiência.

Um estudo interessante feito na Austrália com quase 190 mil atendimentos pediátricos em um hospital revelou que a intuição dos pais pode ser mais eficaz do que os sinais vitais para identificar doenças graves em crianças.[11] A principal conclusão da pesquisa foi que, quando os pais dizem estar preocupados com a piora do estado de saúde dos filhos, há uma chance significativamente maior de que a criança realmente esteja em situação crítica, mesmo quando os sinais vitais ainda não indicam isso. O estudo foi realizado pela Universidade Monash, em Melbourne, e publicado na revista *The Lancet Child & Adolescent Health*.[12]

Os pesquisadores sugerem que a percepção dos pais ou cuidadores deve ser considerada parte do processo de decisão clínica, e não apenas um complemento. O estudo também comparou a percepção dos pais com sinais vitais anormais, como mudanças na frequência cardíaca ou respiratória. A intuição dos pais foi um indicativo mais forte de que a criança precisaria de UTI do que qualquer um dos sinais fisiológicos analisados isoladamente.[13]

Como ela acontece na prática em nós, essa tal de intuição? Como podemos ficar proficientes nela? Como percebê-la acontecendo em nós?

Para começar a entender melhor, busquei especialistas brasileiros para me ajudar. Uma delas é Carla Tieppo, doutora em Neurofarmacologia pelo Instituto de Ciências Biomédicas da USP, conhecida por ser uma das neurocientistas pioneiras no país na aplicação da neurociência no cotidiano para fins de autoconhecimento e educação.

Ela começa me explicando que, quando não existe explicação racional para sentirmos alguma coisa, encontramos na intuição um conceito possível para explicar o que estamos vivendo como experiência.

Nossos comportamentos e tomadas de decisão ocorrem em três níveis. O primeiro é o nível do instinto; o segundo, da intuição; e o terceiro, da racionalidade. A intuição habita esse lugar intermediário, de acordo com a especialista. Ela nem é racional nem diz respeito ao que é instintivo em nós, como ter medo de animais que rastejam, por exemplo, algo bem primitivo.

A intuição pode ser traduzida como aquele clássico mal-estar ao entrar em determinado lugar, uma sensação sem explicação. Ou ter a certeza de que precisamos fazer algo com urgência. "Não existe essa figura específica e central da intuição na neurociência, mas ela vai acabar dando conta de vários processos que são intencionais, mas não conscientes, não racionais", analisa Tieppo.

Aconteceu comigo.

Era domingo e cheguei em casa muito cansada após meu programa de rádio. Normalmente, não me sinto exausta assim, mas naquele dia, estava. Estranhei, mas resolvi não dar bola. Eis que começo a procurar meu celular e não acho de jeito nenhum. "Deixei cair no carro do motorista de aplicativo", pensei, embora eu tivesse certeza de que havia colocado o aparelho na bolsa. Procurei pela casa inteira, não encontrei. Comecei a fazer todo o périplo para tentar bloquear aplicativos, ligar para o banco, trocar senha de e-mail. Mas, quando aciono o localizador do GPS, ele me mostra que o aparelho está em casa mesmo. Volto a procurar e meia hora depois o encontro em meu quarto, escondido no meio de um livro; como estava muito exausta, procurei, procurei, mas não percebi que ele estava ali.

Uma hora depois desse susto, eu já estava mais alerta e saí de casa para encontrar amigos num restaurante. Chamei outra corrida pelo aplicativo do celular. Ao avistar o motorista na esquina, acenei para ele com uma mão e, na outra, estava o aparelho. Eis que sinto, sem ver nem olhar, dois garotos se aproximando de mim. Simplesmente, num movimento mais rápido do que minha razão, soltei o celular na bolsa ao perceber com sentidos mais do que racionais. Nem sequer tive tempo de desconfiar, pois não havia olhado diretamente para eles, que poderiam me roubar. Entrei tranquilamente no carro do motorista. Os dois, então, atacaram uma pessoa que estava imediatamente atrás de mim e roubaram sua corrente do pescoço. Mesmo sem vê-los, intuí que aqueles dois homens eram assaltantes. Tive tempo de soltar o celular na bolsa sem fazer nenhum contato visual com eles e ainda dissimulei que não os havia percebido.

Quando vi que tinham pegado a joia da pessoa atrás de mim, tive certeza de ter sido guiada pela intuição. Será que o acontecido anterior em minha casa me deixou mais alerta para o fato que aconteceria uma hora depois? Pode ser, mas nunca conseguirei responder com certeza. Se fossem outros tempos, minha avó me diria que foram as mãos de um anjo da guarda que me guiaram. A neurociência explica uma informação de percepção aflorada que emergiu do meu inconsciente e, ultrarrapidamente, me conduziu a uma ação inteligente que me livrou daquele assalto.

Temos um entrave quando falamos de uma qualidade que surge de um local de inconsciência, não racional. Não foi a razão que me guiou naquele caso. Nossa sociedade geralmente não confia nesse saber sem explicação. Nos ancoramos no dogma de que a racionalidade é nosso grande superpoder. Segundo o psicólogo John Bargh, autor de *O cérebro intuitivo*, "Sigmund Freud apresentou a mente inconsciente como um caldeirão fervente de complexos mal-adaptativos determinado a nos causar dissabor e tristezas, algo que só pode ser superado com a intervenção de nossa mente consciente".[14]

Bargh também cita Descartes, que sustentou que a mente é nossa qualidade divina. O autor conclui que, de acordo com grandes pensadores do passado, "o que é consciente é bom e o que não é consciente é mau. Essa é uma conveniente supersimplificação que também está absoluta e inconvenientemente errada".

Um conceito que se aproxima da intuição é o da percepção aguçada. A maioria das nossas vivências sensoriais – o que vemos, ouvimos, sentimos a partir do toque – precisam acionar circuitos de memória para serem identificadas, mesmo que de forma inconsciente. Isso acontece porque, quando olhamos para algo, como uma laranja, nosso cérebro procura identificar de imediato experiências sensoriais do passado que vão nos dar pistas sobre aquele objeto no presente. Nosso cérebro faz essas correlações constantemente, vai aprendendo a aprender e guardando na memória nosso repertório de experiências.

Por exemplo, quando pensamos em um indígena, com seu saber aguçado em relação aos desafios da floresta, imaginamos que ele não precisa já ter visto uma cobra para ter medo de algo que rasteja. Nenhum de nós precisa. Esse algo que rasteja vai acionar circuitos instintivos que nos farão reagir. Porém, se falarmos do cheiro específico de um predador, Carla Tieppo me explica que precisamos nos aproximar algumas vezes desse animal para que o cheiro se torne a característica de uma situação específica. Nosso corpo e nosso cérebro estão captando informações sem que, necessariamente, tenhamos consciência disso.

Nesse sentido, penso que estar presente nos traz outra qualidade para o que armazenamos. Mais presença no corpo, mais consciência. Quando meu celular sumiu em casa, eu não estava em estado de presença, eu estava exausta. Na hora que me deparei com os assaltantes, meus sistemas estavam bastante alertas.

A neurocientista também me conta sobre um evento que aconteceu com ela. Certa vez, foi chamada para uma palestra na periferia de São Paulo. Era um lugar bonito, mas próximo a um local de maior vulnerabilidade. Um motorista particular foi buscá-la. Ela deu a palestra e tudo correu bem. Após essa aula, foi contratada para capacitar professores e precisaria ir àquele local por mais oito finais de semana. Na primeira vez em que foi sozinha, a neurocientista usou um GPS. Mesmo assim, errou o caminho e sentiu medo, pois não conseguia se comunicar com ninguém. Foi um momento de bastante aflição até que conseguiu se encontrar. Um tempo depois, ela chegou ao local e a aula foi brilhante, ela foi aplaudida e continuou feliz por fazer aquele trabalho na comunidade.

Na quinta vez que foi até lá, Carla precisou trocar de carro, e o GPS não era o mesmo. Ela confiou e foi mesmo assim, porém se perdeu novamente. Ali, passou por uma situação de muito medo, algo que foi muito mais desagradável do que na primeira vez. Eis que, nas semanas seguintes, nos dias que antecediam a aula, Tieppo começou a sentir o corpo estremecer, uma espécie de pânico e taquicardia. Num primeiro momento, ela não associou o mal-estar à experiência que teve ao se perder. "Meu sistema não conseguia discernir se eu queria ou não queria ir para a aula", ela relembra.

"Aquela foi uma experiência com a intuição", Tieppo me explica. Algo muito ruim aconteceu e ficou armazenado de forma inconsciente no arcabouço de experiências que nos ajudam (ou atrapalham) na tomada de decisão. São informações preciosas. Não conseguimos fazer facilmente com que essas informações venham para a consciência, mas elas estão completamente presentes. É assim que sabemos muito do que sabemos, mas não nos damos conta.

Segundo John Bargh,

> é como se sempre estivessem sendo tocadas três canções. A canção principal (o presente) é tocada no volume mais alto — digamos que seja "Heartbreaker", porque esta é o Zeppelin em seu melhor — enquanto as outras duas (passado e futuro) estão em constante fade-in e fade-out, e, dissimuladamente, mudando o som como um todo. A sorrateira sutileza é a seguinte: nas profundezas ocultas de sua mente, há letras, melodias e ritmos importantes dos quais você não tem

> consciência. Mesmo quando estão alterando de forma significativa o caráter geral da canção que você está escutando, é raro que você saiba como identificá-los.[15]

Nesse sentido, Carla Tieppo acredita que a intuição é um processo de aprendizagem.

Quando nosso corpo começa a padecer de males como ansiedade ou até mesmo pânico ou depressão, somos levados a seguir em frente, a sermos "resilientes", a continuarmos produtivos. Tirar tempo para si seria confessar uma derrota. "As pessoas começam a negligenciar os sinais que o corpo dá. No começo, esses sinais são muito mais sutis, não começam com uma diarreia, começam com um ligeiro e incômodo frio na barriga." A experiência que Carla me contou sobre o pânico que sentiu por dar aulas naquela escola tinha um agravante: era uma experiência ambivalente, tinha estímulos negativos, mas havia estímulos positivos também, pois as aulas eram incríveis e seu desempenho muito reconhecido.

São esses os conflitos mais desafiadores, pois nos colocam num dilema.

Quantos não são os dilemas em nossa vida? É nessa hora que eu recorro muito à minha sensibilidade e, quando não sei o que fazer, apenas aquieto. Me deixo em silêncio por um tempo, que pode ser longo, pois não tenho capacidade de saber se é a intuição ou o intelecto (o nosso viés de confirmação) que está falando. Nesse momento de meditação e introspecção que pode durar horas, tento me conectar com a percepção dos meus incômodos e com as pistas que meu sistema corpo-mente pode estar me apontando. Tento sair das minhas paixões. Não à toa, intuitivamente, sempre me pareceu muito saudável recorrer à terapia e à psicanálise para decifrar tantas coisas sobre mim mesma que eu sentia estarem escondidas de mim e que, sozinha, eu não conseguia decifrar.

Como jornalistas, ao entrevistar muitas pessoas, vamos nos munindo de repertório: as reações e os comportamentos dos outros vão nos letrando sobre o ser humano e sobre suas respostas a determinadas perguntas da vida. Muitas vezes, isso se dá de forma inconsciente. Carla Tieppo lembra que o trabalho da psicanálise é justamente dar nomes ao que foi para o inconsciente. A partir da linguagem, tentamos trazer à tona esse oceano de vivências e experiências que enterramos e que não são acessadas com facilidade.

Nesse sentido, se abrir para o outro, para quem é diferente de nós, pode ser uma maneira de apurar o repertório intuitivo. É o exercício da alteridade. Existem diferentes maneiras de viver e enxergar o mundo, muitas informações que podemos obter, informações que, em algum momento da nossa vida, recalcamos, escondemos. Olhar para essas diferenças de ser e viver, prestar atenção a elas sem julgamento, pode se somar ao repertório do nosso saber interior. Quando falo sobre alteridade, Carla Tieppo descreve uma das reflexões mais importantes sobre nossa sociedade atual. É quando pensamos em alteridade que podemos entender por que a intuição foi tão abafada nos nossos dias.

Alteridade diz respeito à compreensão e à valorização do "outro", em todas as suas diferenças. Implica reconhecer e respeitar as particularidades de indivíduos ou grupos diferentes daqueles aos quais estamos habituados. Mas Carla me explica que alteridade não quer dizer respeito apenas ao outro que está "fora de nós". Muitas vezes, há um outro representado dentro de nós mesmos, em nossos arquétipos internos.

O arquétipo patriarcal que existe em todos nós nos traz a vivência do regramento, da ordem, da obediência, do foco, dos "tem quês", do "homem não chora" que aprendemos em nossa cultura. Com isso, estamos todos e todas sufocando emoções e padecendo com índices recordes de males emocionais. "Nossa existência feminina também abriga esse arquétipo patriarcal", Carla me explica.

Por outro lado, dentro de todos nós existe a vivência matriarcal, que é uma natureza pulsante de escuta da emocionalidade, da nossa relação com o nutrir e o desenvolver. Esses dois arquétipos se confrontam o tempo inteiro em busca da hegemonia. Há a necessidade de buscarmos o equilíbrio da alteridade em nós, somente com isso teremos o equilíbrio de nossos arquétipos e de nossas inteligências internas. Quando estamos muito enquadrados no arquétipo patriarcal, do regramento, da ordem, do controle e do racional, fugimos de processos que não estejam conectados ao que é lógico. Assim, Carla me explica que, quando começamos a sentir o próprio corpo e as emoções, quando porventura nos sentimos mal ou frágeis, nossa resposta interna e imediata é: "Pare com isso, isso é mimimi, é uma bobagem, que baita frescura, esse medo é tolo, seja grato, pense positivo".

É quando ocorre um colapso do sistema psíquico malcuidado, malnutrido e silenciado.

A dinâmica da vida é o conflito. A vida é esse dilema que começa dentro de nós e que, do lado de fora, pode-se enxergar nos espelhos para se resolver. Se negamos o espelho e preferimos dissimular que a vida é perfeita, criamos conflitos ainda piores do que os originais. Segundo a neurocientista, no modelo de vida que vivemos atualmente, funcional e pragmático, estamos buscando respostas simples para questões demasiadamente complexas; tememos o conflito, não temos maturidade para resolvê-los. Deriva daí o positivismo tóxico das redes sociais, com respostas fáceis muitas vezes conectadas a teorias de prosperidade furadas, desempenho e meritocracia e que se afastam profundamente do saber intuitivo, com frequência paradoxal, que demanda tempo de escuta, treino, investigação, autoanálise, coragem e sinceridade.

A intuição conversa conosco pela visceralidade. É o frio na barriga, o aperto no peito, a diarreia que surge antes de um marido violento chegar em casa, é a taquicardia que se sente antes de entrar em contato com algum colega de trabalho abusivo, "é um frio na espinha, uma reação de modificação na distribuição do fluxo sanguíneo. Não é um espírito, nós é que não prestamos atenção aos sinais que o corpo nos dá", conclui a neurocientista.

Parar e perceber sem medo quando essa visceralidade acontece pode ser fator-chave em nossa tomada de decisões. São sinais ancestrais em nossa evolução e, segundo a pesquisadora, tiveram impacto decisivo para chegarmos onde estamos do ponto de vista de espécie. Muito disso ainda permanece em nosso inconsciente, mas não sabemos exatamente como acessar.

Volto ao neurocientista Christof Koch e à sua pesquisa sobre cérebro e intuição. Segundo ele, parece que o local de operações cognitivas rápidas, automáticas e inconscientes – de onde uma solução surge do nada – reside nos gânglios basais, que estão ligados ao córtex pré-frontal, mas apartados dele. Os estudos de Koch nos fornecem pistas sobre o que acontece quando o cérebro traz a saída do processamento inconsciente para a consciência. "O que permanece obscuro é por que a atividade no caudado permanece inconsciente enquanto esforços em alguma parte do córtex dão origem à sensação consciente", segundo o artigo.[16]

Sigo com minha máxima: Eu não tenho tempo a perder, preciso saber o que e a quem devo escutar. Meu corpo é o primeiro agente que busco respeitar nesse diálogo. Sigo por caminhos da ciência e também preciso da sabedoria ancestral. Não quero me apegar apenas a conhecimentos racionais sobre a intuição, pois sei que vai muito além disso. Eu preciso investigar a linguagem do coração.

Nessa busca, surgiu em meu caminho uma sábia anciã, e fui alertada por minha intuição de que deveria parar e escutá-la.

CAPÍTULO 2

Um saber muito além da ciência

"O mundo avançou tanto. Mas ainda estamos presos às velhas formas de fazer as coisas."

HRUND GUNNSTEINSDÓTTIR

"Sem dualidade, a Criação não seria possível. Toda a atividade cósmica requer a presença de dois – Shiva-Shakti."

SADHGURU[17]

Sou uma pessoa racional. Mas sempre fui muito intuitiva. Vivo tentando equilibrar essa balança. Viajo pelo Brasil dando palestras e apresentando eventos, conduzo meu programa ao vivo todos os sábados e domingos. Se por um lado meu trabalho tem muito movimento, vivo uma outra parte dele em meu escritório, em casa, escrevendo em silêncio. Nesses momentos de quietude, me acontecem os lampejos de intuição.

Vira e mexe, acontece de uma pessoa vir à minha cabeça do nada e sei que preciso entrevistá-la. A ideia fica martelando em minha mente, partindo de um sentimento que vem do coração. É como se eu me conectasse com a pessoa em pensamento.

Em fevereiro de 2025, quem me veio à mente foi o psiquiatra Alexander Moreira-Almeida, da Universidade Federal de Juiz de Fora. Quando esses pensamentos chegam, muitas vezes não damos bola. Oras, na semana existiam outros assuntos mais urgentes que eu precisaria repercutir em meu programa. Porém, aprendi a ouvir meus insights. Eu não tinha um tema definido com ele, mas mandei uma mensagem mesmo assim. Pensamos juntos numa abordagem e combinamos uma conversa. No ar, falamos a respeito de um estudo inédito que correlaciona medicina, infância e espiritualidade. Foi uma ótima entrevista.

> A manchete da nossa conversa foi:
> A espiritualidade na psiquiatria: Ciência, experiências e a busca por respostas.
> Em uma entrevista esclarecedora ao Revista CBN, o dr. Alexander Moreira-Almeida, psiquiatra, professor e diretor do NUPES-UFJF, aborda como a ciência está cada vez mais aberta ao estudo da espiritualidade e seus impactos na saúde mental.[18]

Poucos dias depois da entrevista, o dr. Alexander foi vencedor de um grande prêmio na área de psiquiatria, o Oskar Pfister, destaque em boa parte da imprensa. Uma semana e meia depois, a Universidade de São Paulo lançou um estudo inédito sobre genes e mediunidade do qual ele também participou, o que fez seu nome explodir: o assunto foi destaque na imprensa nacional e internacional. Em meu programa, não falamos propriamente do prêmio e do estudo, mas abordamos todos os assuntos que seriam expostos à exaustão na imprensa dias depois.

Falamos sobre o assunto primeiro, mas não porque eu estava atrás de algum furo de reportagem. Foi o oposto disso. Foi apenas um fluir, um chamado da vida que procuro e me treino para ouvir.

Isso acontece direto comigo.

Por gostar e precisar do silêncio, vejo muito pouco televisão. Sou mais dos livros, mas também gosto das redes sociais. Um pouco depois de meu segundo filho nascer, esbarrei num documentário que me marcou, apresentado e dirigido por uma islandesa. *InnSæi: o poder da intuição* é o nome da produção.[19] Apesar de ter um emprego e uma vida dos sonhos, Hrund Gunnsteinsdóttir jogou tudo para o alto ao se perceber completamente desconectada de si. Ela era executiva da ONU, e estava em viagem de Kosovo para o Cazaquistão quando sentiu uma dor absurda e teve um aborto espontâneo.

De tão workaholic, ela não percebera que havia sofrido um aborto espontâneo. Mesmo assim, seguiu adiante até conquistar um cargo ainda mais alto, que seria para toda a vida. Era para estar feliz, mas ela não estava. Se sentia como um zumbi. O episódio mudou sua vida. Com burnout, resolveu pedir demissão e mudar de rumo. Junto a uma amiga, viajou o mundo em busca de InnSæi, palavra islandesa para a intuição.

Faz quase dez anos que assisti ao documentário. Naquela época, ainda não havia a enxurrada de desinformação que temos hoje e não estávamos diante da fronteira civilizatória que a inteligência artificial nos apresenta. Faço um caminho parecido com o das documentaristas islandesas na busca por entender a intuição, com a diferença de que sinto demais, como contei há pouco, e sei que existe um valor muito grande nessa voz que ecoa dentro de nós.

Foi numa das minhas andanças, por entender a espiritualidade e essas vozes em minha vida, que conheci Maria Elena. Uma senhora de cabelos brancos, quase 70 anos, chilena, que mora desde a juventude no Brasil. Elegante, bonita, quando a vi pela primeira vez pensei que eu gostaria de envelhecer exatamente como ela. Conhecê-la pessoalmente me fez ter a certeza disso.

Maria Elena sempre esteve ligada à espiritualidade conectada à ancestralidade feminina. Ao longo da vida, se especializou no estudo da astrologia taoísta, estudando com professores chineses. Como estudiosa da espiritualidade pelo mundo, ela é uma enciclopédia viva de conhecimentos profundos.

Não à toa, é procurada por empresários, artistas e políticos. Embora o assunto seja tabu, ela me revela que já foi consultora de três presidentes na América do Sul: no Brasil, na Argentina e no Chile. Maria Elena trabalha no limiar do que chamamos de mistério. Recorro a ela, que se intitula uma bruxa moderna e anciã, para me contar histórias sobre a intuição.

"A intuição não erra", assim ela começa nossa conversa numa tarde chuvosa de dezembro. Me lembro apenas de ter rezado para a conexão não cair. Ela, no Rio de Janeiro. Eu, em São Paulo.

Maria Elena me diz que, para ela, intuição é o diálogo interno que existe para nos harmonizar e para chegarmos ao autoconhecimento perfeito conectando à alma, ao ego e ao intelecto. Como cartesianos ocidentais, fomos educados de forma prática e objetiva, queremos respostas claras para os fenômenos que acontecem. Isso está correto, mas há coisas que são ainda inexplicáveis. Como se não coubessem em nossa linguagem.

O que acontece é que, seja por meio da educação, seja por meio da cultura, na maior parte das vezes exercitamos nosso diálogo interno apenas entre o ego e o intelecto. Isto é, entre nossa personalidade e o binômio pensamento-comunicação.

Nesse enredo, onde estaria a nossa alma?

A bruxa anciã diz que nossa alma sabe por que está aqui, mas não costumamos acessá-la, não confiamos tanto nela. Nossa alma sabe de onde vem e sabe para onde vai. A alma entende que pode dar ao corpo todas as dicas e os caminhos para a evolução de cada um de nós, assim como para a evolução da espécie. Assim, a intuição seria o diálogo interno entre a alma e o ego. Quando conseguimos abrir e gerenciar nossos canais de intuição, dialogamos com nosso próprio conhecimento ancestral, de vidas e existências além do que podemos explicar com a razão.

"A alma sabe por que está aqui e é a ferramenta mais eficaz para o autoconhecimento real; para vestirmos nossa melhor versão." É o propulsor de nossos "autos": auto-observação, autoaprimoramento, autodisciplina, autoestima, autorresponsabilidade e, claro, autoconhecimento, além do ego. Assim, a intuição não é uma questão de acreditar ou não. "É o diálogo com a fonte que nos dá a certeza do norte e do êxito."

Maria Elena me conta que ela pratica esse diálogo com seu sagrado todos os dias. "Em um minuto de silêncio diário, me conecto com essa consciência. Fazendo isso três vezes ao longo do dia, você começa a ter uma fluência no diálogo entre o mundo visível e o mundo invisível. Você começa a ter fé naquilo que você não vê no mundo concreto", ela me diz.

Fé é um conceito complicado, pois foi muito usado por religiões e seitas para abarcar a desesperança das pessoas e se aproveitar disso. Por outro lado, me recordo de médicos sérios que trabalham com o conceito de fé, como Deepak Chopra. No livro *Reinventando o corpo, reanimando a alma,* o médico indiano diz que todos nós passamos por momentos em que, inadvertidamente, entramos num estado mais elevado de consciência. Quando trazemos a atenção para o nível da alma, o esforço cessa. A primeira coisa que muda é a perspectiva sobre a vida, mas há mudanças também na maneira como a vida nos trata. Deepak Chopra diz que "nossa sociedade não aceita que a alma, invisível, eterna, destacada, imóvel e imortal, tenha o poder de transformar o teimoso mundo dos objetos concretos e das ocorrências materiais. Entretanto, para que a vida se torne mais fácil, a alma precisa ter esse poder".[20] Isso diz respeito à fé mencionada por Maria Elena. Segundo o médico, existem níveis de mistérios a serem ainda explorados.

Entendo que a fé da qual Maria Elena me fala não corresponde a uma fé cega ou ao pensamento mágico, mas à sabedoria de que existe uma ordem orquestrada por algo maior, algo que pode ser sentido, mesmo que ainda não tenhamos capacidade de entender ou explicar. Com seu minuto de silêncio, dosado algumas vezes ao dia, ela descobriu como entrar em contato com esses momentos, que são portais entre o concreto e o que é mais sutil. "A fé é a convicção de que, embora eu não esteja vendo nem tocando algo, tenho certeza absoluta de que existe", ela conclui.

A ideia de que a intuição é o diálogo entre o mundo visível e o mundo invisível me alimenta. Esse mundo invisível, penso eu, poderá em breve ser captado por aparelhos que se tornam mais eficazes em medir o espaço sutil. É isso o que a ciência vem buscando desde sempre: desvendar os caminhos da consciência.

Quantos são os cientistas que beberam de escrituras como os Vedas indianos para postularem seus tratados, como descreve o escritor Dick Teresi, em seu livro *Descobertas perdidas*.

> Vinte e quatro séculos antes de Isaac Newton, o Rig veda hindu afirmava que a gravitação mantinha o universo unido, embora a hipótese hindu fosse muito menos rigorosa que a de Newton. Os arianos de fala sânscrita endossavam a ideia de uma Terra esférica numa era em que os gregos acreditavam numa Terra plana. Os indianos do século V d.C. calcularam de algum modo a idade da Terra em 4,3 bilhões de anos; os cientistas na Inglaterra do século XIX estavam convencidos de que eram 100 milhões de anos. (A estimativa moderna é 4,6 bilhões de anos.)[21]

Maria Elena me explica que as pessoas percebem que existe um limite para nosso controle da vida; essa é uma das razões pelas quais ela vem tendo tanto êxito em tratar, ao longo de décadas, pessoas diversas, muitas delas em altos cargos de poder, chefias e hierarquias. "Ativando minha intuição, com minha fé e minhas convicções e, por outro lado, com todo meu estudo, abro uma comunicação intuitiva, e o diálogo acontece de alma para alma. Não há fronteiras quando é assim", comenta.

Não é apenas a intuição que faz o nível de conexão de Maria Elena ser tão certeiro. Ela tem décadas de estudos sobre escrituras e filosofias espirituais, principalmente a cabala, da tradição judaica, e o taoismo, tratado da filosofia chinesa que descreve o viver no cosmos em harmonia com a natureza. Em cima do estudo, sua intuição e o diálogo de alma para alma podem acontecer de maneira mais certeira. A intuição é a ferramenta de conexão entre os mundos, e não o fim do processo. "Cultivei minha intuição desde sempre. Foi ela que me levou ao estudo da astrologia taoísta, que estudei cartesianamente, com livros, aulas, experiência. Essa ferramenta me entrega as informações. Passo essas informações para o outro, de alma para alma", ela me explica.

Não foi a teoria ou o estudo acadêmico que a levaram para a intuição. Foi a própria intuição que a levou a estudar o que deveria. Assim como sabemos, desde a infância, quais são nossas aptidões, nossos talentos e, talvez, nosso caminho pelo mundo. Muitas vezes, não apostamos neles e vamos abafando a comunicação intuitiva.

Descobri que eu seria jornalista aos 13 anos. Exatamente como Maria Elena me conta que aconteceu com ela. Foi a intuição que me guiou. Ouvidos atentos, coração pronto. Eu não tinha dúvida. O dogma, o ceticismo ou a crença reducionista minimizam a intuição ou a importância da conexão da alma com o corpo material. Porém, médicos e cientistas vêm observando cada vez mais uma aplicação prática dessa conexão.

No livro *O cérebro espiritual*, os autores Mauro Beauregard e Denyse O'Leary descrevem o trabalho do médico Herbert Benson, professor associado da Harvard Medical School, Universidade de Medicina de Harvard, que fundou o curso Mind-Body Medicine. Eles relatam que:

> o corpo contém uma fiação para beneficiar-se do exercício não apenas dos músculos, mas de nosso rico interior, o núcleo humano – nossas crenças, valores, pensamentos e sentimentos. Relutei em examinar esses fatores porque filósofos e cientistas em todos os tempos

> os consideram intangíveis e imensuráveis, tornando qualquer estudo sobre eles como 'não científico'. Mas eu quis tentar, pois repetidas vezes os progressos ou recuperações de meus pacientes pareciam depender do espírito e da vontade de viver. Eu não poderia me livrar da sensação que tinha de que a mente humana – e as crenças que muitas vezes associamos à vida humana – tinha manifestações físicas.[22]

O que o dr. Benson chama de *crenças* é o que a professora Maria Elena chama de convicção: aquilo que é alimentado pelo treino diário do silêncio e que é aprimorado através do tempo e da experiência. Segundo ela, é um conhecimento que se adquire pela prática de vida ao longo do tempo. "É impossível que alguém dez anos mais novo, por mais experiência que tenha em situações específicas, tenha a mesma sabedoria de quem tem mais dez anos vividos. Os orientais têm isso muito claro", ressalta. Por isso as culturas orientais valorizam a intuição e têm claro o valor da ancestralidade e do saber dos mais velhos.

A melhor biblioteca de vida que temos é o tempo. Por isso, a importância de cuidarmos da qualidade do nosso tempo e dos momentos em que nos conectamos com a pausa: é a hora de ouvir a sabedoria que cavalga no espírito do tempo. Dessa forma, com a prática, podemos intuir o que são informações que navegam no tempo e o que são informações que estão no mar do inconsciente coletivo.

É possível que muitos dos leitores cheguem aqui desejando respostas certeiras sobre como a intuição nos indica o caminho "certo", o caminho para o "sucesso", o jeito para termos sacadas geniais que transformem nossa vida. Infelizmente, não é sobre isso que trato. Não dessa forma. Aliás, isso pode até acontecer, mas talvez haja frustração e é preciso deixar isso bem claro. A intuição acontece a todo momento, mas é muito mais como um farol, um guia para nossa essência; um caminho para descobrirmos o que as forças da vida desejam de nós. Não se trata de descobrir uma nova inteligência que vai nos dar os números da loteria – estamos com o modelo mental equivocado se esperamos isso da intuição.

A começar pela visão sobre o que é o sucesso. De acordo com a espiritualidade ancestral feminina, os conceitos de certo e errado não existem. Tudo é vida, tudo é experiência. A alma sabe o que veio fazer nessa existência, e esse saber se transforma em nossas tendências de destino, me explica a espiritualista. Com o livre-arbítrio, podemos ir para onde queremos, podemos mudar os caminhos e seguir rumos diferentes do que diz nossa bússola interna. Erramos quando mantemos o diálogo apenas entre ego e intelecto, ou seja, o diálogo da pura racionalidade. Muitos que seguem um caminho meramente racional adoecem por se desconectarem do que anima a própria alma.

Segundo a professora, "esse binômio ego-intelecto pensa que sabe tudo". Ela me conta que o santo indiano Ramakrishna dizia que o livre-arbítrio é do tamanho de uma corda amarrada à cerca. Por quê? Pois quem o usa é o ego e isso é limitadíssimo. Interessante Maria Elena citar essa fala. Em 4 de abril de 2025, a jornalista Amanda Péchy entrevistou o neurocientista Robert Sapolsky para as páginas amarelas da revista *Veja*, na edição nº 2938, que recomendo fortemente a leitura na íntegra. O pesquisador é um respeitado professor e pesquisador na Universidade de Stanford, Califórnia. Nessa conversa com a jornalista brasileira, ele diz que o livre-arbítrio é um mito. Há mais de três décadas, ele vem examinando o cérebro para decifrar assuntos como o estresse e, mais recentemente, as engrenagens por trás da tomada de decisões. Durante décadas, à luz da ciência, ele diz que constatou que as pessoas alimentam a ilusão do poder de escolha, quando, na verdade, os indivíduos estão quase 100% programados para optar por esse ou aquele caminho nos vários escaninhos da vida. Segundo Sapolsky, "as decisões das pessoas são definidas por uma soma da genética com o ambiente que as cerca e as experiências que têm — estas, também, modeladoras do DNA. Tudo está praticamente escrito em nós, uma ideia que colide com várias correntes de pensamento".

A jornalista pergunta a ele se, em tempos de maior complexidade e turbulências, como o que estamos vivendo, é mais difícil para os indivíduos tomar decisões. Ele responde que sim, pois existem momentos históricos em que a irracionalidade, uma marca humana, se pronuncia em graus especialmente elevados. É o que estamos observando agora. Segundo o neurocientista, as pessoas podem amadurecer, recorrer à psicanálise de Freud e evoluir em áreas diversas. A psicanálise fornece novas perspectivas que fazem sacudir padrões de pensamento e comportamento. Mas a maneira como circunstâncias alheias à nossa vontade nos marca, do ponto de vista biológico, seguirá determinante para as decisões que tomamos. Entretanto, ele tem uma visão otimista: acredita que podemos mudar o suficiente para que a vida seja mais bem vivida.[23]

Nesse ponto, minha conversa com Maria Elena é tão profunda quanto oportuna. Treinar-se para ouvir a voz da sabedoria em complemento ao que a ciência e mentes tão brilhantes vêm tentando traduzir em seus estudos talvez seja o *zeitgeist* da nossa época. O que a sábia anciã me diz é que, quando começamos a ouvir, praticar e nutrir nossa alma e nossa intuição, passamos a ter um autoconhecimento profundo da existência além da biologia.

Com isso, passamos a perceber que não temos tempo a perder com o estresse e que precisamos concretizar nosso caminho na vida. É uma falácia pensar que vamos fazer "o que queremos" quando ouvimos a intuição. Precisamos nos perguntar quem é que está querendo o quê. Segundo Maria Elena, a alma quer trabalhar. A alma quer se realizar. Não é desejo da alma passar os dias em ócio nas Maldivas até o fim da vida. Quem quer isso é justamente o ego preguiçoso. Por isso precisamos do exercício da autorresponsabilidade, da auto-observação, do autoconhecimento profundo. Quem está por trás de tudo isso é a intuição.

Maria Elena já aconselhou presidentes da república a saírem do poder. Foi ouvida, como conselheira. Ela me diz que o poder em si não é bom nem ruim, o dinheiro em si não é bom nem ruim, trabalho e relacionamentos não são bons ou ruins. O que é bom é o que representa nosso caminho genuíno de vida. Ruim é o que nos afasta desse caminho. Buscar o que é genuíno se mostra como missão. Muitas vezes, não será a trilha óbvia que nos ensinaram na infância.

Lamento demais quando vejo que termos e expressões como "propósito" e "ser sua melhor versão" foram apropriados em rodas de coachings da prosperidade numa lógica do capitalismo e da meritocracia. Quando Maria Elena fala da nossa versão melhorada, nada poderia ser mais distante desses enlatados da nova era. Ela se refere aos conhecimentos das escrituras espirituais tradicionais, que há milênios descrevem como pode se dar a conexão da humanidade com o cosmos e com a família humana, com o pulso da natureza, para sermos mais da nossa própria natureza, sem as artimanhas mentais.

Maria Elena me releva que hoje, aos 70 anos, se sente no melhor momento de sua vida. Sente o tempo ao seu lado. A experiência lhe traz uma convicção forte de que está vivendo o tempo de forma correta. A maturidade que conquistou faz com que nada a tire do eixo. No caso da intuição, há ainda mais clareza, mais certeza de que a espiritualidade feminina vai ser cada vez mais necessária em dias de tanta tecnologia e de tantas superficialidades.

Um dos maiores problemas das pessoas na sociedade de hoje é, segundo ela, que as pessoas vivem preocupadas em preencherem os padrões externos e atingir as expectativas de todos. Até mesmo a palavra "autoconhecimento" virou moda, e as pessoas buscam técnicas e cursos para aprender. "Muitas das pessoas que chegam a mim se autoenganam, afirmando quererem atingir as próprias metas. São as expectativas dos outros que elas querem agradar. Assim, adoecem", ela me diz.

Me lembro nesse momento do filme *InnSæi* e da sabedoria islandesa sobre intuição; lembro-me de todo o percurso da autora por entender como pode, mesmo diante de objetivos nobres como estar na ONU, ter construído um caminho de desconexão consigo mesma. Sinto vontade e mando uma mensagem para ela, Hrund Gunnsteinsdottir, para saber o que de fato ela sentia quando se deu conta do rumo que estava tomando. Eu queria entender se, de alguma forma, o que ela vivenciou se conectava com o que a anciã Maria Elena havia acabado de me explicar.

Me apresento como uma jornalista que, assim como ela, acredita que integrar a intuição com a razão é um dos assuntos mais importantes para a nossa geração. Hrund gentilmente me responde. Ela me diz que sempre foi alguém que seguia o coração, mas que era muito dura consigo mesma e possuía uma autocrítica imensa. Isso a impossibilitava de se ver frágil e de perceber que precisava parar para recarregar as baterias. "Eu não costumava ter a mesma autoconsciência que tenho hoje, embora eu provavelmente pensasse que tinha na época", me escreveu.

Hoje, depois de ajustar a rota de vida, ela percebe que sorri com mais verdade, é mais serena e aberta aos sentimentos, sente-se mais corajosa e gentil consigo mesma. Me diz que aprender a ouvir e aproveitar a intuição, InnSæi, a ajudou a se curar e a se encontrar, num momento em que se sentia triste, perdida, fisicamente doente. A intuição mudou seu centro de gravidade e como ela encarava certos marcos e valores. Um exemplo foi a carreira. Embora estivesse seguindo o coração trabalhando como uma profissional de desenvolvimento, ela estava muito focada em "subir degraus" e em medir o sucesso a partir de cargos mais altos e promoções profissionais.

Com a pesquisa e a prática da intuição, descobriu que seu principal critério para sucesso e prosperidade tem a ver com encontrar significado verdadeiro no trabalho, ter a coragem de seguir o coração mesmo que haja muita incerteza. Hoje, quando ela desconfia que o trabalho tem pouca relevância, não hesita mais em fazer uma mudança. Nessa nova etapa de vida, Hrund acumula mais de vinte títulos: é consultora, diretora de cinema, dramaturga, poeta, presidente de conselhos, investidora, sonhadora, CEO, escritora, palestrante, e faz tudo, segundo ela, com uma liberdade, leveza e autoconsciência que a inspiram a não parar. Ela se nomeia artista de coração e, inclusive, conta toda essa experiência com InnSæi em seu livro *InnSæi: o livro da sabedoria islandesa*, publicado em 13 línguas até agora, incluindo português, e em todos os continentes.

Tudo o que essas mulheres sábias, como Hrund e Maria Elena, querem nos dizer é que, independentemente do caminho que estejamos traçando, ele precisa ser guiado por bondade, precisa ser leve, mesmo que apresente desafios. Deve ser parte de uma jornada, e não de uma guerra; não podemos viver numa batalha sangrenta na qual nosso corpo é abatido lentamente e pode cair a qualquer momento. No modo de viver intuitivo, enfrentamos desafios, doenças e dificuldades, mas a maneira de nos relacionarmos com a realidade é diferente. Não precisamos adoecer por não conseguirmos dizer "não". Não precisamos viver no modo competição; passamos a trabalhar muito mais no modo de cooperação: tanto conosco, como com o entorno e com a vida.

Hrund ainda me diz que temos negligenciado a intuição, a espiritualidade, o amor e o respeito pela vida por muito tempo em detrimento do "gênio humano", de comunidades e ecossistemas "prósperos". Hoje, enfrentamos enormes desafios, como a crise da biodiversidade e do clima. Temos toda a tecnologia, o conhecimento científico e os recursos para fazer o que é certo, mas precisamos da mentalidade certa. Precisamos mudar nossos sistemas, mas os sistemas não mudam sozinhos. Segundo ela, a intuição, InnSæi, é fundamental para nossa inteligência e o bem-estar. "Acho que InnSæi é uma das qualidades mais importantes que precisamos treinar e desenvolver para trazer à tona o melhor de nós e para criar futuros luminosos", ela conclui.

Da sabedoria islandesa à espiritualidade feminina de bruxas anciãs como Maria Elena, percebo como é necessário o cultivo de uma nova cultura da pele para dentro. A escuta da intuição não é interessada, ela não pergunta querendo respostas imediatas. É o cultivo de um jardim florido que precisa ser regado todos os dias; com rituais, intenção e fé, para uma vida mais conectada com o mistério; com a fonte que hoje em dia temos até medo de citar por parecermos anticientíficos. Podemos ser intelectuais ao mesmo tempo que temos confiança em uma força cósmica maior.

O cultivo desse jardim permite um novo caminhar pela vida, escolhas baseadas em outros modelos dentro de nós. Intuição seria o encontro com o guia da nossa alma, pelo que aprendi até agora. É justamente aquela voz que me faz entrevistar pessoas antes dos outros. Por quê? Intuição. Acontece sempre? Sim, mas nem sempre consigo ouvir. Desejo apurar cada vez mais os meus ouvidos.

No momento em que termino de escrever estas linhas, olho para a janela, e começa a chover. Chove exatamente como no dia em que conversei e gravei com Maria Elena Passanesi, quando eu rezava para não perder a conexão. Diante da sincronicidade da natureza, sinto que minha intuição também fala comigo. Ela me faz relembrar o caminho e minha própria jornada até aqui. Minhas escolhas. Sigo minha jornada, pois ela está longe do fim.

CAPÍTULO 3

Como aprender a ouvir os sinais?

"É o que Goethe disse no Fausto mas que George Lucas expressou em linguagem moderna: a tecnologia não vai nos salvar. Nossos computadores, nossas ferramentas, nossas máquinas não são suficientes. Temos que confiar em nossa intuição, em nosso verdadeiro ser."

JOSEPH CAMPBELL[24]

"Você olha ao redor e tudo está aparentemente lindo. Por que raios você não está 100% feliz? Por que dói aqui, por que dói ali? Por que é que você não dorme bem ou as coisas parecem fora do lugar mesmo que tudo esteja aparentemente perfeito do lado de fora?"

Os questionamentos são de Inês Cozzo, psicóloga e neurocientista que há mais de quarenta anos trabalha com os impactos da intuição em negócios e carreiras. Mesmo trabalhando com isso, ela se viu numa encruzilhada.

Encontro-me com Inês após a recomendação de um querido entrevistado, Cláudio Thebas. Ele tem uma linda obra com o psicanalista Christian Dunker, chamada *O palhaço e o psicanalista,* cuja leitura recomendo fortemente. Recebi Thebas no *Revista CBN* e comentei sobre meu novo tema de estudos, a intuição. Eu queria entrevistá-lo sobre esse tema como um palhaço-artista atento ao meio, mas Thebas me disse que, na verdade, eu precisava mesmo era conhecer uma amiga dele, profunda estudiosa do assunto, Inês Cozzo.

Sigo seu conselho.

Inês me recebe em uma chácara a duas horas de distância de São Paulo. É também ali onde ela faz seus trabalhos com executivos, educadores, pessoas ligadas a recursos humanos que desejam passar por imersões em busca de soltarem seu "eu" mais intuitivo. Eu mesma passo por uma dessas imersões com Inês e fico encantada com a quantidade de "coincidências" que acontecem ao longo do dia. Durante a sessão, uma das vivências foi assistir ao filme *Escrito nas Estrelas,* com John Cusack e Kate Beckinsale. Eu, que vivo vendo horas iguais e prestando atenção às coincidências do dia a dia, tenho um momento muito agradável. Inês me explica que as sincronicidades são um conceito muito caro para quem estuda a intuição.

A neurocientista mora na chácara onde fui recebida. Foi justamente por morar ali e estar afastada do meio urbano que ela começou a adoecer. Mas quem disse que ela percebeu isso rapidamente? Durante anos, seu corpo foi dando sinais de que ela não estava feliz, de que não devia morar onde estava morando. Neurocientista cosmopolita, passou a morar no interior para ter uma vida mais tranquila e promover as imersões. Foi justamente quando começou a ter problemas de saúde.

"Minha alma é urbana e eu fui ignorando solenemente todos os sinais", lembra. Inês me explica que isso acontece porque a psique vai dando dicas para o corpo. No caso dela, ignorando as mensagens por completo, foi parar no hospital com um quadro grave intestinal que fez com que ela revisse toda a sua vida e tomasse novas decisões.

Os sinais estavam ali.

Assim como aconteceu com a neurocientista, quantas e quantas vezes a razão nos convence de que está tudo bem e que devemos seguir adiante? Mas a vida, por vezes de forma brusca, acaba nos parando porque, de fato, não ouvimos a voz interior.

Como aprender a ouvi-la com mais clareza?

Para responder a essa pergunta, Inês Cozzo me faz mergulhar na neurociência.

Ela me conta que nosso corpo é um grande sistema formado por outros onze menores. Para abordarmos a intuição fisicamente, precisamos falar tanto das emoções como do sistema nervoso.

A intuição é uma função da psique humana e, mais adiante, conto como o psiquiatra suíço Carl Jung foi precursor ao descrevê-la no livro *Tipos psicológicos.* Porém hoje, com o avanço da ciência, sabemos muito mais sobre como o corpo capta informações ao nosso redor e as decodifica.

Temos um sofisticado mapeamento dos sentidos. Falar apenas em olfato, audição, tato, paladar e visão é ultrapassado. E a intuição está longe de ser o sexto sentido, como chamavam antigamente. A neurociência trabalha com a possibilidade de termos de 9 a 33 sentidos. Dois dos mais importantes para nossa investigação são chamados de interocepção e propriocepção.

A interocepção é a sensação interna, a informação que chega ao cérebro sobre o que acontece dentro do corpo. Sentir e perceber o que está acontecendo nos órgãos é um sentido ao qual podemos (e devemos) prestar atenção, um sentido que é possível treinar. Estamos falando de sentir o coração, a respiração, o estômago, o intestino. O cansaço e a fadiga muscular são informações que nossa interocepção aponta. Ela nos mostra a necessidade de descanso e recuperação após intensas atividades físicas ou mentais. Também temos as sensações de frio na barriga, o nó na garganta ou os olhos pesados quando estamos cansados. A interocepção é a capacidade de reconhecer as emoções, pois nosso corpo responde a elas de forma intuitiva. Por exemplo, quando estamos tristes, o coração pode doer e o apetite, diminuir.

Segundo a neurocientista e pesquisadora espanhola Nazareth Castellanos em entrevista à BBC,[25] devemos considerar a interocepção como um dos mais importantes sentidos porque, de todas as coisas que nos acontecem, é a ela que o cérebro vai dar mais importância. Ela é prioridade, é absolutamente vital. No entanto, não temos o hábito de prestar atenção aos sentidos de dentro.

Na sequência, temos a propriocepção, a informação que chega ao cérebro sobre como está nosso corpo por fora: como está nossa postura, nossos gestos e nosso corpo no espaço. Essa sensação é fundamental para a coordenação motora e a postura corporal. Por exemplo, quando fechamos os olhos e levamos a mão até o nariz, conseguimos realizar esse movimento graças à propriocepção, que nos dá a percepção da posição do braço e da mão. Tudo isso compõe as ferramentas que podemos usar para aprimorar a intuição. Quanto mais prestamos atenção a esses sentidos e os treinamos, mais aguçada a brincadeira fica.

Curioso pensar que a ciência milenar do yoga é uma tecnologia para a integração do sistema corpo-mente-espírito. Não é interessante que trabalhe fortemente com o afinamento entre esses dois sentidos, interocepção e propriocepção, que só foram muito recentemente nomeados pela ciência?

Intuitivamente, sábios do corpo e da espiritualidade entenderam que trazer para a consciência os movimentos que nosso corpo faz inconscientemente seria um salto de qualidade na vida material. *Yoga* quer dizer "reunião" em sânscrito. Vibro com essas descobertas. No meu caso, conhecer o yoga aos 23 anos foi um divisor de águas. Foi como se, pela primeira vez, meu intelecto estivesse em harmonia com meu corpo físico. Sempre fui descoordenada nos movimentos. Meu corpo parecia desacoplado da minha mente. Sempre fui bem na escola, tirava boas notas, mas odiava fazer atividade física, sentia um desequilíbrio tremendo, como se meu carro fosse desbalanceado.

Se minha propriocepção é desafiadora até hoje (pratico yoga sete dias por semana, e não pense que é fácil para mim), acredito que minha interocepção é mais aguçada e foi ficando mais afinada ao longo dos anos com práticas físicas e meditativas.

Aconteceu comigo um caso especial ao final de 2021, quando eu começava a escrever meu primeiro livro e fiquei grávida pela terceira vez. Já tinha dois filhos e, aos 39 anos, não esperava engravidar de novo. Por volta da oitava semana, comecei a me sentir extremamente deprimida. Não era cansaço, aquele provocado e bem conhecido das gestantes até o terceiro mês. Era uma tristeza, um lamento absolutamente profundo que eu nunca havia sentido, muito menos nas duas gestações anteriores. Percebi que aquilo podia ser depressão. Grávida e deprimida? Não fazia sentido para mim, mas sei que a bomba hormonal à qual somos submetidas no período gestacional pode provocar uma série de sentimentos. Em um sábado, na semana do Natal daquele ano, percebi o nome de um sentimento vir à minha mente: luto. Era luto o que eu estava sentindo e eu sabia nomear.

Com minha racionalidade, tentei interpretar aquilo. Pensei que talvez pudesse estar daquele jeito por conta de projetos que teriam que ser adiados ou, ainda, do meu corpo mais inchado e lento – quando grávida, não me sinto bonita como tantas mulheres se sentem. Fato é que eu queria justificar racionalmente aquela tristeza fora do normal. Eis que, segunda-feira de manhã, dois dias depois daquele sentimento surgir, acordei com um sangramento. Fiquei assustada como poucas vezes na vida.

Aquele sangramento era um aborto, e meu corpo já estava reconhecendo o luto dias antes de ele acontecer. Fiquei espantada, pois eu quase podia segurar aquela sensação. Na hora, a chamei de intuição.

Foi por sentir demais que procurei e acabei caindo no yoga. Eu sentia muitas coisas e precisava entender, integrar a mente ao meu corpo físico para organizar tantas informações. Por ser uma técnica que me ajuda a integrar essas duas minhas partes, é uma prática que hoje tenho como escovar os dentes. O yoga é fundamental para minha sanidade e qualidade de vida.

Inês Cozzo me explica que, assim como o yoga, nosso cérebro é analógico. Metaforicamente falando, se compararmos o cérebro a um computador, o sistema nervoso recebe bilhões de bits de informação por segundo. "Mas a consciência não dá conta de operar tantas informações de uma só vez. Do que seriam esses bilhões de bits por segundo captados pelos sistemas sensoriais, a consciência processa o que seriam apenas 10 bits", me explica Inês, embasada em diversas publicações científicas.[26]

Assim, imagine todo esse volume de dados que está em nós, mas é armazenado de maneira inconsciente. Hoje, temos um volume de informações e de estímulos como nunca antes na história.

Captando tantas coisas inconscientemente, é por meio do que podemos chamar de intuição que, ao chegarmos atrasados a uma reunião, podemos sentir, logo ao abrir a porta, que o negócio ali não vai bem: não vimos nem ouvimos praticamente nada, mas podemos captar e perceber muito do que estava acontecendo de forma irracional. Isso ocorre pois, no momento em que chego atrasada e sinto que algo não vai bem, o sistema de "antenas" está captando informações do que está acontecendo naquela sala, mesmo que eu não saiba explicar como isso acontece.

Inês me explica: vamos supor que algo foi dito e causou raiva aos participantes, pois foi muito injusto. Na sequência, as pessoas passaram a sentir medo pelas consequências daquela fala, o risco de demissão da equipe ou algo do tipo. Com os sentimentos de raiva e medo, o corpo inteiro entra em alarme. A hipófise, ou glândula pituitária, começa a produzir pré-adrenalina e cortisol. Esses hormônios correm pelas veias, pelo sangue e por todo o corpo até chegar aos grandes músculos e às extremidades, o que aciona o comportamento de luta e fuga.

"Vivemos numa sociedade em que o modo *luta e fuga* não acontece mais como acontecia nas savanas na época das cavernas. Ninguém vai dar um soco na cara do diretor nem sair correndo da reunião", ela exemplifica. As pessoas permanecerão na reunião, mas não terão o que fazer ou como extravasar esse intenso processo estressante dentro delas. A produção dos hormônios acontece, mas fica estagnada no organismo.

É aí que as pessoas "exalam" os hormônios pelos poros. Assim, quando eu chego atrasada à reunião, sinto que as coisas não estão bem, pois meu corpo está decodificando a química exalada e também a tensão do corpo dos outros. "São alguns daqueles milhões de bits que não vão para a consciência. Mesmo eu não sabendo como é o cheiro da raiva, meu organismo sabe", Inês conclui.

Além de intuição, também podemos chamar esse processo de inteligência somática do corpo. Para perceber a delicadeza e a sofisticação dos nossos sentidos, é necessário desenvolver uma escuta interna. É preciso treino. Pensemos numa sommelier que ao longo do tempo fica expert em sentir e diferenciar o sabor dos vinhos. Nessa linha, Inês é categórica: podemos aprumar os sentidos para refinar a intuição.

No mercado de trabalho e no campo da educação, muito se falou sobre as habilidades humanas divididas em *hard skills* – capacidades técnicas e tangíveis, aprendizados intelectuais, certificados, faculdades – e *soft skills* – liderança, inteligência emocional, facilidade de comunicação, empatia, espírito de equipe e flexibilidade.

Em tempos de tantos avanços tecnológicos e de mais uma grande transformação social, inclusive no mundo do trabalho, o que especialistas em tecnologia e no mundo corporativo vêm descobrindo é a importância das *inner skills*: habilidades que compõem um saber interno, apurado, subjetivo, refinado e extremamente real, das quais a intuição é uma das grandes regentes. *Inner skills* são nossas habilidades intrapessoais. Tudo que contém o prefixo "auto": autoconhecimento, autodesenvolvimento, autocontrole, autocuidado, autonomia. As mais importantes delas são nossas crenças.

As crenças são emoções ou convicções arraigadas que estão contidas num diálogo entre o sistema nervoso e o sistema endócrino/imune. São os "porquês": por que fazemos o que fazemos ou por que não fazemos o que nos recusamos a fazer. Isso se refere ao sistema nervoso autônomo, influenciando como processamos informações e tomamos decisões.

São as crenças que nos permitem – ou nos impedem de – usar e conectar *hard skills* e *soft skills* para conseguirmos as coisas, segundo a neurocientista. Podemos ter todas as capacidades técnicas para determinada atividade, podemos ser corajosos e intrépidos em nossa personalidade, **mas, se não acreditarmos com todo o nosso corpo, com as memórias conscientes e inconscientes que compõem o arcabouço que usaremos para realizar determinado ato, não importa quais sejam as *hard* ou *soft skills* que tenhamos: ficamos empacados em nossas crenças, localizadas no sistema nervoso autônomo. Aí, não há intuição que possa nos ajudar se tivermos uma crença paralisante. Não vamos conseguir confiar na intuição.**

Nossas amígdalas cerebelosas processam as crenças, segundo Inês. É uma região do cérebro que faz parte do sistema límbico, importante centro regulador das respostas emocionais, do comportamento sexual, do comportamento agressivo, da reatividade a estímulos. Em contrapartida, o córtex pré-frontal, região das respostas lógicas, só termina de se desenvolver entre 20 e 25 anos de idade.

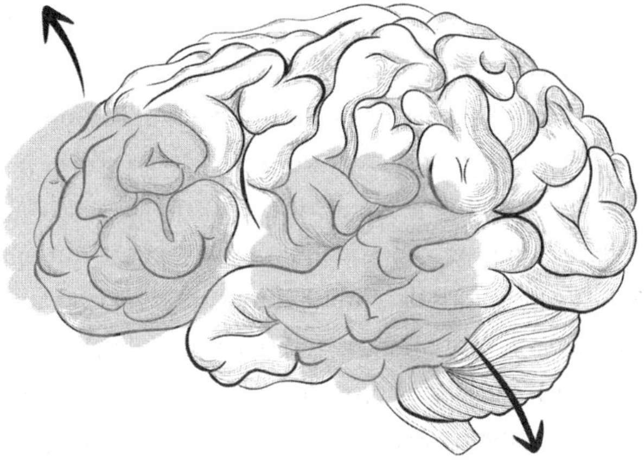

"Nosso cérebro é como uma máquina analógica com um software das cavernas", a neurocientista se diverte.[27] Nesse sentido, a intuição seria uma vantagem evolutiva. Quando a usamos, não existe adversidade, não existem obstáculos, tudo é informação e tudo pode ser um caminho para chegarmos a um resultado satisfatório.

No livro *A estratégia da genialidade: como utilizar a programação neurolinguística para entender a genialidade de Sigmund Freud, Leonardo da Vinci e Nikola Tesla,* o escritor Robert Dilts descreveu como cientistas, artistas e pensadores usam a inteligência de formas variadas, confiando na interocepção – nos sentimentos viscerais –, e com alta capacidade de envolvimento e de aprofundamento na solução de problemas.

Podemos contar com essa avaliação subjetiva e até mesmo treiná-la para ficar mais aguçada. A intuição utiliza as percepções e os sentidos para entregar o que entrega numa velocidade bastante grande, segundo Inês. A intuição se manifesta como sutis explosões de sabedoria; mora no intervalo entre um pensamento e outro. "É nanoscópico. Por isso, temos que ter um gravador sempre por perto, caderninho e lápis à mão, pois pode acontecer de você ter ideias geniais que, quando passam, já era. Perdeu", ela me aconselha.

É importante ter claro que não existe apenas um tipo de intuição. O filósofo Ralph Waldo Emerson dizia que intuição é conhecimento. Para Jung, intuição é algo visceral e uma das funções da psique. Podemos dizer que a intuição acontece como um resultado de todo o conhecimento que adquirimos ao longo da vida e que ficou impregnado em nós, mesmo sem termos consciência disso. Quando temos um insight magnífico, é claro que o nosso sistema foi buscar essa informação. A questão é que tais fontes podem ser infinitas – e até transcendentais, conforme alguns pensadores vão sugerir e investigar.

Inês Cozzo acredita que há uma comunicação absoluta e inequívoca entre mente e cérebro. Mas cada um tem uma função diferente. O cérebro seria como uma televisão ou um aparelho de rádio. Não é a televisão que produz a imagem que ali está, não é o rádio que produz o som que é emitido ali. Esses aparelhos captam isso de algum lugar, há a transdução de um sinal para algo compreensível e, então, a emissão em imagem ou voz. Em nós, é o sistema nervoso que faz esse papel de tradutor ou transdutor.

Pensadores como René Descartes,[28] e, atualmente, o médico Sérgio Felipe de Oliveira,[29] vão dizer que informações intuitivas podem ser captadas do meio externo pela epífise, a chamada glândula pineal, como vou detalhar capítulos à frente em entrevista que realizei com o especialista brasileiro. Segundo o neurocientista Christof Koch, pelo que se sabe até agora, parece que o local de operações cognitivas rápidas, automáticas e inconscientes – de onde uma solução surge do nada – reside nos gânglios basais, ligados ao córtex, mas separados dele.[30] A ciência busca respostas.

O que me deixa animada é saber que podemos treinar a intuição. "Podemos treiná-la da mesma forma que treinamos o pensamento, da mesma forma que você melhora a sensibilidade, da mesma forma que você melhora a sua capacidade de gerenciar suas emoções", me explica Inês. O treino é a observação, a presença e o estudo do corpo. Com isso e com confiança, a intuição nos traz as melhores respostas para dúvidas, inquietações, problemas e desafios. Tudo que está no nosso entorno pode ser pista para que respostas surjam dentro de nós: o melhor treino para a intuição é o treino da presença no aqui e agora, da atenção plena.

Inês é categórica: "A intuição é o único conjunto de habilidades que nos difere de uma máquina. A máquina não compreende o que nos entrega; ela combina, arranja, rearranja e nos dá respostas". Por mais avançada que seja, a máquina não cria, ela continua sendo matemática.

Me recordo nesse momento do bonito conto judaico a seguir: uma viúva recebeu uma galinha de presente. Muito pobre, ela e os filhos passavam fome. Porém, segundo as leis judaicas, nem todos os animais podem ser abatidos para consumo. Assim, com a galinha em mãos, ela foi até a casa do rebe – o líder espiritual ou o mestre de teologia no judaísmo – da cidade perguntar se poderia abater o animal e dar de comer aos filhos. Foi recebida pela esposa do homem sábio, que levou a galinha para o marido. O rabino, então, passou horas analisando a galinha. Olhou para o animal, leu as sagradas escrituras. Foi até a esposa, pediu que a devolvesse e informasse à viúva que não poderia consumir o animal, de acordo com as leis da Cashrut. A esposa do rabino se dirigiu à mulher pobre e lhe disse: "Tome, leve, pode comer a galinha". O marido, de longe, ouviu a esposa e ficou furioso. Como ela podia ter feito aquilo? Ao que a esposa lhe respondeu: "Você olhou para a galinha e as escrituras e disse não; eu olhei para a galinha, para a mulher e os filhos famintos dela. E disse sim".

Uma máquina não tomaria essa decisão. Para uma resposta como essa, é necessário sabedoria, não matemática. Para o uso pleno da sabedoria intuitiva, precisamos do treino e da confiança. Precisamos aprender a reconhecê-la. Integrar a voz do corpo à voz da consciência. Sermos cada vez mais humanos.

Hoje, a neurociência dá saltos imensos em direção ao que o cérebro intuitivo é capaz. Precisamos diferenciar quando é a razão que fala e quando é a intuição; assim podemos usar essas duas faculdades simultaneamente para as tomadas de decisão. Quanto mais prestamos atenção a esse diálogo, mais íntimos ficamos de nós mesmos.

Nada nos escapa.

CAPÍTULO 4

A experiência intuitiva em cada um

"A vida precisa de um pouco de magia porque a vida é mágica. Não é mágico que, um belo dia, você tenha saído do ventre da sua mãe e que um dia você vai partir desse planeta feito um pop-up? Sem deixar vestígios? O nascimento e a morte são misteriosos, sempre me surpreendem. Você ficou tão preso às limitações da sua lógica que não consegue vivenciar a magia."

SADHGURU[31]

"Mamãe, onde está meu livrinho para jogar o Pense Bem?", minha filha grita do quarto em uma de suas dezenas de pedidos ao dia. Ela me solicita ajuda para encontrar o livrinho de atividades de um brinquedo eletrônico que comprei de presente para ela. Adoro que ela pegue o Pense Bem para brincar. Como temos muitos livros em casa, ela tem uma pequena biblioteca em seu quarto. Nem sempre arrumada, preciso constantemente ajudá-la a organizar e achar alguns dos livrinhos. Naquele dia, as estantes estavam mais bagunçadas que o normal. Vou até o quarto dela e começo a procurar. Sinto que vai ser uma batalha perdida. São muitos livros nas prateleiras, uma bagunça, e aquele que ela procura é fininho, difícil mesmo de encontrar.

Preciso sair para trabalhar, mas quero ajudá-la antes de sair. Paro por um instante em frente à estante. Respiro. Faço uma pergunta clara dentro de mim: "Onde está o livrinho do Pense Bem?". Me recordo nitidamente da capa dele. Lembro até da sensação gostosa que era jogar Pense Bem quando criança, mas isso é só um lampejo, uma sensação breve. Fico parada. Entro em silêncio. Dura cerca de dois segundos. Olho – de forma que não sei explicar – para baixo. Apenas sei que preciso olhar para baixo. Vejo a última prateleira da estante, onde há pilhas de livros deitados, um em cima do outro. Observo que embaixo de tudo há um livrinho torto com apenas uma pequena aba cinza aparecendo, onde está escrito TecToy, a marca do brinquedo.

Dei risada sozinha. Foi uma experiência simples, mas, ao mesmo tempo, fantástica. Fiquei eufórica em achar o livrinho daquela maneira. Da forma como os livros estavam dispostos, provavelmente não conseguiríamos achá-lo, nem mesmo procurando um por um desde a primeira prateleira. Levaríamos horas. Chamei minha filha e lhe contei o causo. Ela adorou e saiu para brincar com o brinquedinho.

Contei para uma amiga sobre essa experiência e falei sobre minha pesquisa a respeito da intuição. Surpresa, ela me recomendou conversar com uma das maiores pesquisadoras de Carl Jung no Brasil, a professora Denise Gimenez Ramos. Minha amiga é a comunicóloga Lia Diskin, fundadora da

Associação Palas Athena, entrevistada em meu primeiro livro. Lia me contou que Denise, além de psicanalista e membro da Sociedade Brasileira de Psicologia Analítica, também coordena o Núcleo de Estudos Junguianos da PUC de São Paulo. Ela é membro da Academia Paulista de Psicologia e ministrou aulas no C.G. Jung Institute, em Zurich, berço do famoso e importante psiquiatra suíço.

Carl Jung é um dos maiores pesquisadores da intuição. Para um dos grandes pensadores da atualidade, o filósofo francês Frédéric Lenoir, Jung "promoveu a reabilitação da experiência interior como válida e importante" no estudo sobre o que é ser humano.[32] Lenoir descreve, em *A Odisseia do Sagrado,* que, para Jung, o ser humano – quer tenha consciência, quer não – é um animal religioso: *Homo religiosus.* Parafraseando o oráculo de Delfos, Jung tinha a inscrição na entrada de sua casa: "Quer se queira ou não, a questão do divino se impõe".[33]

Nasci no mesmo dia que Jung, 26 de julho. Também temos o mesmo ascendente no mapa astral natal, Aquário. Nosso nascimento é separado por 107 anos e tenho interesse pela vida do médico psiquiatra há longa data. Talvez pela busca intelectual dele em unir conceitos aparentemente opostos e **ser um dos grandes pesquisadores a usar a ciência para entender a alma**.

Jung era um intuitivo por excelência, segundo ele mesmo se descreve. Entre tantas descobertas e legados para a humanidade, ele criou a teoria dos tipos psicológicos, descrita no livro *Tipos psicológicos* de 1921, um de seus mais importantes trabalhos. A teoria nasceu de mais de vinte anos de observação e do exercício na medicina psiquiátrica, da psicologia prática, de viagens e investigação da cultura de diversos povos pelo mundo.

Ele dividiu nossos tipos psicológicos em dois: introvertido ou extrovertido. O introvertido está ocupado com o universo interno; o extrovertido se ocupa com a ação ou com o que está fora dele. Os introvertidos buscam energia internamente, enquanto os extrovertidos buscam nas pessoas ao redor. Uma pessoa introvertida pode ser muito diferente da outra, assim como os extrovertidos são diferentes entre si. A razão dessa diferença é a maneira como cada um de nós manifesta a própria mente no mundo.

Além disso, são quatro as funções psicológicas da psique descritas por Jung, divididas em dois pares: **pensamento e sentimento num bloco; intuição e sensação num segundo**.

Essas quatro funções psíquicas existem em todos nós, mas algumas se sobressaem mais a depender da pessoa. Algumas funcionam de forma auxiliar e outras são mais atrofiadas, por assim dizer.

Porém, as quatro existem dentro de nós. Elas podem ser treinadas, caso alguma esteja em estado de deficiência. Acho essa informação de extrema relevância, principalmente no que diz respeito a **como olhamos, educamos e exploramos o potencial único das crianças**.

Para entender melhor a visão de Carl Jung, a professora Denise pede que eu assista a uma clássica entrevista do psiquiatra concedida à BBC de Londres chamada "Face to Face",[34] gravada na casa dele à beira do lago, em Zurich, pouco tempo antes de ele falecer.

Nesse documentário histórico em preto e branco, Jung conta que começou a estudar e pesquisar sobre os tipos de personalidade como uma forma de entender e justificar como ele e Freud poderiam pensar e ser tão diferentes. Ele entendia que, de certa maneira, ambos estavam corretos na maneira como viam o mundo, mas eram maneiras muito distintas; a coexistência das visões poderia ser explicada pela forma como a mente de cada um se organizava e se expressava no mundo. A influência de Sigmund Freud na vida e no pensamento de Jung é imensa. Tinham uma diferença de idade de dezenove anos. Foram grandes amigos. Freud o chamava de "meu querido príncipe herdeiro" nas correspondências que trocaram. Havia um amor mútuo entre eles. Mas romperam ligações.

Freud era avesso à religião, diferentemente de Jung, que tinha uma visão espiritualista. Especialmente nas obras *O futuro de uma ilusão* e *O mal-estar na cultura,* Freud apresentou a perspectiva de que, a partir da religião, o homem projeta a própria consciência em uma "consciência externa", destituída de realidade, ou seja, uma ilusão que tem como meta outra realidade, uma "realidade" imaterial. Assim, a religião seria caracterizada como uma *patologia psíquica,* visto que pressupõe a existência da crença em algo inumano.[35] Pensadores da época alinhados à visão freudiana apostavam que a ideia da espiritualidade e da religiosidade iria morrer definitivamente em meados do século XX, demonstrando o triunfo da razão.

Na emblemática entrevista para a BBC, Carl Jung descreve Freud como um homem de natureza complicada, muito rígido em relação ao que acreditava ser a verdade. "Descobri que, quando ele pensava em algo, logo aquilo estava estabelecido e virava uma certeza, um dogma. Eu, pelo contrário, duvidava de tudo o tempo todo. Assim, era impossível discutirmos algo a fundo", explica Jung.

Jung afirma que começou a trabalhar na teoria dos tipos psicológicos para fazer justiça à psicologia de Freud, à de Alfred Adler (austríaco fundador da psicologia do desenvolvimento individual) e para orientar a si mesmo. Entendendo os diferentes princípios que moviam esses pensadores, Jung pôde perceber como e por que cada um deles desenvolveu as teorias que desenvolveu. Ele compreendia profundamente a alteridade e aceitava que as pessoas pensassem de forma diferente.

Na entrevista, Jung conta que ele é do tipo intuitivo, mas que nada é estático dentro de nós. As nossas potências (pensamento, sensação, intuição e sentimento) vão mudando ao longo da vida e tendo protagonismos diferentes. Mas, certamente, ele se caracterizou mais fortemente pelo *pensamento* (racionalidade no julgamento) e pela grande *intuição*. Jung afirma que sempre teve dificuldades com os *sentimentos* e que sua relação com a *realidade* (a característica da *sensação*) não poderia ser considerada brilhante.

Volto para minha conversa com a professora Denise Ramos. Ela julga que Jung foi um dos maiores psicólogos de todos os tempos. Ele conseguia falar e explicar exatamente o que pensava. "Se você é apenas intuitivo, você vive nas nuvens. Precisa de um fio terra. Jung tinha esse fio terra. Mas, por ter a função *sensação* (realidade) muito fraca, ele a exercitava cortando lenha, pintando e fazendo atividades manuais para desenvolver a habilidade do toque e do sentir."

Peço para que a psicanalista me explique mais a fundo sobre as quatro funções psíquicas de Jung, principalmente a intuição.

Quem tem como função preponderante a *sensação* está muito conectado à realidade concreta, à terra, ao toque, aos estímulos físicos que alcança. Essa é a função do real, de quem acredita nos fatos, de quem é prático. Se essa pessoa chega a uma sala, ao sair é capaz de descrever tudo o que viu: a cor da sala, quantas pessoas estavam lá, quem eram, que roupas vestiam e, com detalhes, pode descrever tudo o que estava no seu campo visual, olfativo ou auditivo. É aquele que descreve exatamente os fatos.

O oposto da *sensação* é a função *intuição*. É quando a percepção se dá por meio do inconsciente, e a apreensão do ambiente em geral acontece por meio de "pressentimentos", "palpites", "inspirações" e sensações inexplicáveis, mas reais. Os sonhos premonitórios e as comunicações telepáticas são algumas das propriedades da intuição, que busca significados, relações, possibilidades futuras da informação recebida. Pessoas do tipo *Intuição* tendem a ver o todo, não as partes, e, por isso, costumam apresentar dificuldade na percepção de detalhes.

Ainda sobre o tipo intuitivo, naquele exemplo da sala, ao ser questionada, a pessoa vai dizer que tinha um "bom astral, que estava tudo legal, foi tudo bem, tinha uma energia boa". Se você perguntar sobre números, quantas pessoas estavam ou pedir alguma descrição exata, você vai ficar frustrado, pois elas têm dificuldades de perceber os detalhes. São pessoas que pressentem as coisas, têm bons palpites e boas inspirações. *Sensação* e *intuição* são funções opostas que Jung chamava de *irracionais:* tanto nas cores que vemos quanto no cheiro que sentimos ou na energia boa que percebemos, não há uma razão para vermos e sentirmos, apenas é assim.

"Eu tinha uma tia extremamente intuitiva", conta a professora Denise, "e era cômico, porque ela saía com um sapato de cada cor, às vezes saía de casa com bobes na cabeça.

Ela vivia nas nuvens, mas sabia de tudo o que estava acontecendo pelo mundo, era superligada e sabia, inclusive, o que ainda iria acontecer. Tinha ótimos palpites. Tenho a sensação que a sua ideia de fazer esse livro é muito intuitiva, pois a intuição é algo muito difícil de se explicar, mas que será cada vez mais importante", analisa a psicanalista.

Sou do tipo intuitivo, sei disso; tanto que muitas vezes tenho dificuldade de explicar o que enxergo acontecendo lá na frente. Por isso, escrevo. E, para treinar meu olhar para a realidade, virei... jornalista. A profissão dos fatos por excelência. Percebo nessa conversa que, intuitivamente, escolhi tanto uma profissão que me permitisse exercitar algo que tenho como deficiência, a percepção material do toque (*sensação*), mas também exercitar algo que amo: elaborar e disseminar no concreto minhas intuições, meu pensamento e minhas inspirações sobre o que percebo sutilmente a respeito da sociedade.

Com a intuição, a professora Denise me explica, podemos ter certeza sobre certas coisas, mas se nos perguntam *"como assim? como você sabe?"* é muito difícil de explicar.

Agora vamos para o segundo par de funções. Na função *pensamento*, a palavra já diz tudo: a pessoa estabelece conexão lógica com os fatos (de dentro ou de fora de si); faz análises acerca das coisas e situações sem envolver valores afetivos; segue as leis estritas sem levar em conta valores pessoais e procura ser imparcial em julgamentos. Essa pessoa está em busca dos porquês, das razões para as coisas, as julga em termos de valores intelectuais: de certo e errado, prudente e imprudente, por aí vai. Quando vivenciamos uma experiência intuitiva, a função pensamento tenta entender de onde ela veio, por quê, como se pode medir, como se pode entender, como criar uma equação matemática para traduzir o sentimento ou a experiência. É fascinante.

Por outro lado, quem tem o *sentimento* como função psicológica preponderante é aquele que tem o *gosto* ou não gosto na ponta da língua. Apreciador das artes e das nuances da vida, o sentimento faz a pessoa avaliar as situações por meio de valores pessoais, mesmo que essas decisões não tenham lógica do ponto de vista racional. É uma lógica do coração. E, é claro, essas duas funções formam outro par de opostos.

Sobre os tipos, o próprio Jung diz que:

> Sob o conceito de Sensação pretendo abranger todas as percepções através dos órgãos sensoriais; o Pensamento é a função do conhecimento intelectual e da formação lógica de conclusões; por Sentimento entendo uma função que avalia as coisas subjetivamente e por Intuição entendo a percepção por vias inconscientes. A Sensação constata o que realmente está presente. O Pensamento nos permite conhecer o que significa este presente; o Sentimento, qual o seu valor; já a Intuição, finalmente, aponta as possibilidades do "de onde" e do "para onde" que estão contidas neste presente. As quatro funções são algo como os quatro pontos cardeais. Tão arbitrárias e tão indispensáveis quanto estes.[36]

Podemos prestar atenção a como essa mistura se dá em nós e identificar quem somos entre esses tipos, observando qual é a nossa primeira reação às situações. Nossa primeira reação diz respeito à qualidade que temos mais evidente. As funções auxiliares vão nos ajudar e apoiar a função preponderante. No caso de Jung, seu ponto forte era o pensamento aliado à intuição, e os pontos fracos, as sensações e os sentimentos. Por isso, para aprimorar essa deficiência, ele buscou trabalhar com esculturas em pedras, madeiras e em sua grande obra: *O livro vermelho*,[37] que foi um mergulho na tradução do seu universo intuitivo. "Ele só não enlouqueceu, pois colocou no papel todas as suas imaginações. Com uma pena e canetas muito finas, e em alemão gótico antigo, ele escreveu os textos que vinham à mente dele de forma absolutamente intuitiva", Denise me conta.

Quando houve o rompimento entre Jung e Freud, em 1913, o psicanalista suíço ficou perdido sem o amigo. Jung passou parte da vida profissional e acadêmica sendo preparado para ser o sucessor de Freud, segundo Denise Ramos. Ele era presidente da Associação Psicanalítica Internacional e estava no auge da carreira. Os dois romperam porque Jung não conseguia concordar com parte do pensamento do mestre e não teve como escapar da coerência com sua verdade interior. Com isso, perdeu clientes, amigos e toda uma vida já determinada.

Jung atravessou o que se pode chamar de "a noite escura da alma". Sentiu que não havia escapatória a não ser entrar dentro de si mesmo para encontrar o próprio caminho. Fez, então, um movimento introvertido. Passou a escrever, brincar, pintar – "e pintou com tamanha qualidade e precisão, fazendo pinturas belíssimas que hoje estão expostas em museus", a professora relata. Foi nesse momento que ele começou a escrever o antológico *O livro vermelho*.

"Foi o exemplo de alguém que se voltou para dentro de si, se analisou, conversou com as próprias fantasias e a imaginação e as colocou no papel." Para a especialista, pouco importa o conteúdo do livro. O mais relevante foi o processo pelo qual Jung passou para conseguir escrevê-lo.

A partir daquele momento, Jung parou de ser um seguidor. Ele se tornou o próprio mestre em uma nova arte: o mergulho na riqueza e na dor do seu universo interior, sendo capaz de traduzir tudo o que via e sentia. Analisando a si mesmo, Jung conseguiu transbordar uma grande quantidade de conhecimentos que, por meio da intuição, captou e colocou em prática. Como me ensinou Denise Ramos, precisamos aprender o que fazer com a nossa intuição.

"Ela precisa ser colocada no papel, precisa ser transformada em coisas concretas. Caso contrário, podemos nos perder. A intuição pode ser muito intensa, nos deixando completamente perdidos se não canalizamos sua força para a realidade."

Entendo que muitas pessoas intuitivas sofrem nos nossos dias sem conseguir fazer a ponte desse universo interno com o concreto. Passo a olhar para os outros de forma a identificar seus talentos, suas competências e dores também. **Será que nossos intuitivos estão se perdendo em ansiedades e fobias porque o ritmo de vida acelerado não nos permite parar para ouvir esse segredo interior que nos dá pistas de qual caminho podemos construir?**

Nosso legado não precisa ser de grandes atitudes para transformar o mundo, mas de pequenas atitudes do dia a dia que, bem canalizadas no real e no serviço prático inspirado, nos dão alívio para a intensidade do que acontece em nosso universo interior, principalmente para pessoas com preponderância intuitiva.

Pergunto a Denise: para que serve a intuição? No que ela pode nos ser útil?

A psicanalista me explica que a intuição nos dá algo a mais na vida. É um encontro com uma verdade, mas não sabemos como acabamos chegando lá. Assim como o pensamento, a intuição pode estar errada. Precisamos estar atentos, pois ela nos dá sinalizações importantes sobre a vida, caminhos, escolhas.

Denise lembra que um exemplo clássico da intuição na ciência foi a maneira como se deu a descoberta da fórmula estrutural do benzeno pelo químico alemão Friedrich August Kekulé von Stradonitz, um dos pioneiros da química orgânica teórica.[38] Foi ele quem resolveu uma das mais importantes questões que desafiavam a base da química orgânica no século XIX.

Na época, cientistas já sabiam qual a composição, mas buscavam descobrir como os átomos de carbono se organizavam para formar o benzeno. Kekulé era um desses cientistas. Certo dia, ao trabalhar em seu livro didático, viu que a escrita não progredia, seus pensamentos vagavam por outro lugar. Muito cansado, ele virou a cadeira em direção à lareira e cochilou. O químico já havia sonhado com átomos dançando em sua frente quando começou a formular sobre a teoria estrutural. Porém, naquele dia, cochilando em frente ao fogo, novamente viu os átomos saltando diante de seus olhos, só que, dessa vez, em fileiras longas, às vezes mais apertadas, todas juntas, emparelhadas e entrelaçadas em um movimento que parecia o de uma cobra.

Quando ele conseguiu visualizar, o sonho lhe mostrava que uma das cobras mordia a própria cauda, em uma forma circular. Ele acordou "como que por um raio de luz" e, então, sabia como os átomos de benzeno se organizavam; na forma de um anel, circular, como o movimento da cobra. Ele passou o restante da noite desenvolvendo as consequências dessa hipótese, resolvendo, assim, um dos grandes problemas da química orgânica da época.

A intuição é esse acontecimento que vem depois de muito suarmos a camisa em busca de respostas e caminhos concretos. Ela é um complemento para aquilo que nos faltava. É a chave que abre portas para soluções que já estavam esgotadas no raciocínio lógico. É uma soma de saberes. Louis Pasteur, outro grande cientista, comentou sobre esse assunto, dizendo que, "no campo da observação, o acaso favorece apenas a mente preparada".

O acaso de Pasteur diz respeito a esse fluxo de respostas que podem chegar a nós pela intuição e que acontece quando menos se espera: num sonho, num piscar de olhos, uma resposta que vem do vazio. Uma mente preparada consegue decodificar essas informações e transformá-las em realidade. Mas precisamos de tempo, de pausa, atenção ao nosso corpo, de uma mente presente.

Para Mihaly Csikszentmihalyi, autor dos livros *Flow* e *Criatividade*, um dos pais da psicologia positiva e chefe do departamento de Psicologia da Universidade de Chicago, se Kekulé tivesse ficado acordado, provavelmente teria julgado como ridículo o pensamento de que poderia haver uma conexão entre a fumaça produzida pelo fogo da lareira e o desenho circular da molécula do benzeno que apareceu no seu sonho. Mas, no subconsciente, a racionalidade não pode censurar a conexão.[39,40]

Em Jung, temos a teoria de que, quando dormimos, nossa consciência esmorece e temos acesso mais fácil ao inconsciente. Denise me orienta que, dessa forma, podemos pedir um sonho para nosso subconsciente para nos ajudar a resolver problemas. "O sonho pode nos trazer uma solução, um símbolo, uma dica", ela me explica. A professora me conta que, certa vez, uma paciente estava com um grande dilema: não sabia se deveria se casar. Naquela noite, após a consulta, ela teve um sonho. Viu a si mesma com uma mão toda deformada e alguém tentava colocar um anel naquela mão. "Ela se deu conta que precisava melhorar a mão primeiro antes de se casar", se diverte.

O sonho traz informações em imagens e símbolos que podemos interpretar. "O sonho é muito mais imagético do que verbal, assim como a intuição. O sonho junta tudo e nos dá informação. A intuição também. Mas o sonho tem uma historinha contada."

A briga entre Jung e Freud aconteceu, principalmente, porque o mestre austríaco dizia que os sonhos sempre revelavam algo da repressão sexual do indivíduo; religião e arte também seriam a sublimação da sexualidade.

Jung discordava. Em viagem ao continente africano, viu comunidades que viviam nuas, com a sexualidade totalmente livre, mas diversos rituais religiosos estavam lá. Quando viajou para a Índia, viu uma profusão de símbolos religiosos conectados à sexualidade; casais de deuses copulando, coisas assim. Ou seja, nada ali dizia respeito à sublimação. Diante disso, Jung entendeu que, para certas pessoas, o comportamento religioso pode ser uma forma de repressão, sim. Mas também existe algo maior. Jung concluiu que existe um instinto de religiosidade no ser humano. Religiosidade não é sinônimo de repressão sexual. Haveria uma conexão entre espiritualidade e intuição.

Muitas vezes, a religião ou o anseio espiritual acontece como forma de traduzir sentimentos para os quais parecem faltar palavras. A cultura, então, nos oferece alguns símbolos para materializá-los, sem que, no entanto, seja mera superstição.

Em consultório, Denise Ramos, que também é professora de Ciências e Psicologia da Religião, ouve os relatos de muitos pacientes que nitidamente sentem que existe *alguém* que cuida deles; um espírito, uma divindade, algo etéreo que confere uma sensação de proteção. Em geral, as pessoas dizem sentir a presença da figura de uma mãe que não é a própria. Denise me explica que não é um devaneio; essa sensação se conecta à ideia de uma *grande mãe*, algo que Jung vai chamar de *arquétipo*. "Eu intuo que algo existe. Disso se constrói uma crença. Então, se procura uma imagem. Depois, se constrói o ritual. O comportamento religioso tem base completamente intuitiva. Quando nos damos conta, aquilo já virou cultura", me explica.

Pergunto à psicanalista se é possível treinar a intuição a partir dessa perspectiva. Ela me diz que é possível abrir as portas para ela, estar aberto. Mas como abrimos as portas para a intuição? É preciso estar disponível, ter o desejo, se introverter, observar, aguardar. A intuição é como um faro, uma espécie de *cheiro* que se sente e que se comunica conosco. Denise me diz que não é uma coisa palpável, vem de dentro. "Feche os olhos, deixe vir uma imagem, deixe vir uma ideia, vai pelo faro que você chega lá."

Podemos aprender a viver momentos de introspecção como um exercício de ouvir *essa voz* ou sentir *esse cheiro*.

Mas, se vivemos em tempos de muitas informações, muitos estímulos, bombardeio de imagens e dados pelas redes sociais, como cultivamos esse campo? Quem exerce a função de professor, como Denise, percebe e sabe a exaustão mental das pessoas da nossa geração. "Você não tem tempo para pensar e sentir. E isso é muito sério", me diz, preocupada. "Como fazer essa pausa para uma escuta tão delicada se não temos tempo para sentir? E se não temos tempo para sentir, como vamos intuir qual o nosso caminho?"

Justamente por conta da pressa, com frequência nos confundimos com o bombardeio de dados e notícias, muitas delas falsas. São informações que nos intoxicam. O que Denise Ramos vem insistindo com os pacientes, e que nos serve bem, é a importância de não perder o próprio eixo central interno diante de tanto barulho. Existe uma conexão com o que é de dentro da gente que Jung chamava de *self* (ou si mesmo) com a qual precisamos estar ligados.

"O caminho para si mesmo passa pela intuição. Eu não posso perder essa conexão, é vital. Senão, você vira uma tarefeira contumaz que vai entrar em *burnout* ou em depressão facilmente." Denise toca num dos pontos que mais me interessam nessa investigação. Se largarmos a conexão com nosso universo interno e genuíno, inigualável, perdemos a mágica do existir e, ao mesmo tempo, a razão do viver. Caímos adoecidos devido a um imenso leque de dores emocionais, pois não conseguimos retomar a ligação entre o material e o imaterial dentro de nós.

Numa parte emocionante da entrevista de Carl Jung para a BBC, ele afirma que todos seus pacientes querem lutar contra a existência atomizada em insignificância, em *nothingness*, uma espécie de nada substantivo, um vazio. Ele diz que o indivíduo não pode suportar uma vida sem significado.[41]

Não pode. Não deve. Não consegue.

Volto a me lembrar da minha introdução para este livro. Eu, sentada à bancada do meu programa na rádio CBN, lendo a informação compilada pelo Ministério da Saúde sobre os índices recordes de depressão e síndrome de pânico no país. Jung ainda está correto. Mas não sabemos como reagir. Esses dados sobre saúde mental somente apresentam crescimento. Tomamos remédios sem entender a causa mais interna dos problemas. Não temos tempo para viver os momentos de introspecção, e até de melancolia, que seriam normais e saudáveis. Precisamos de tempo para a tristeza. A tecnologia que deveria nos dar mais tempo está captando e comercializando nosso olhar, nos viciando. Precisamos saber de tudo, ter opinião sobre tudo, postar, influenciar os outros, ter uma vida impecável, infalível, superficial.

Eu acredito que a intuição deve estar em nosso estojo de primeiros socorros com outras ferramentas, como o silêncio, a meditação, práticas esportivas e meditativas como yoga e corrida, para conseguirmos mudar a cara e o perfil das próximas gerações. Isso não vai nos tornar imunes à depressão e à ansiedade generalizada, mas nos torna mais capazes de passar por elas, tendo-as como experiências e aprendizados, não como limitadores ou barreiras para uma vida com plenitude.

Para quem alguma vez se perguntou a respeito do que é essencial na vida, a psicanalista Denise Ramos me relata o caminho que costuma aconselhar a pacientes:

"A intuição nos dá isso: acesso a qual o significado da minha vida. Eu tenho que estar ligada a isso o tempo todo.

Quando meus pacientes me perguntam se devem escolher esse ou aquele emprego, 'o emprego A vai dar muito mais dinheiro, mas o emprego B me agrada mais', então eu pergunto: o que sua intuição diz? O que o seu *self* diz quando você vai tomar uma decisão que pode mudar sua vida? Tem que se guiar por esse *de dentro*. Eu costumo dizer: vá pela intuição, se concentre, feche os olhos, ouça e vá por ali. É meio misterioso, mas nós somos misteriosos. Ninguém sabe como chegou aqui nem para onde vai, não é mesmo? Porque a vida é misteriosa".

Peço que você volte algumas páginas e releia a epígrafe deste capítulo. Escolhi aquela citação antes de minha conversa com Denise. Numa coincidência, ela encerra nossa conversa quase com as mesmas palavras. Resolvi deixá-la, obviamente. Pergunto a mim mesma se eu já sabia que chegaríamos até aqui. Não, eu não sabia. Mas certamente minha voz interior já assoprava respostas.

CAPÍTULO 5

Sincronicidades

"Eu acredito na intuição e na inspiração."

ALBERT EINSTEIN À REVISTA NORTE-AMERICANA *SATURDAY EVENING POST* EM 1929.

"A imaginação é mais importante que o conhecimento. O conhecimento é limitado, enquanto a imaginação abraça o mundo inteiro, estimulando o progresso, dando à luz à evolução. Ela é, rigorosamente falando, um fator real na pesquisa científica."

ALBERT EINSTEIN, *SOBRE RELIGIÃO CÓSMICA E OUTRAS OPINIÕES E AFORISMOS*[42]

Muitos falam mal das redes sociais, sobre a maneira como elas podem nos alienar por meio das ondas dos algoritmos que nos condicionam não só a consumir o que queremos, mas aquilo que vai nos manter cada vez mais dentro das redes; capturam nosso olhar, roubam nossa atenção, inflam as bolhas ideológicas e seus executivos ganham dinheiro com isso. *Bastante* dinheiro. As plataformas que controlam os territórios digitais são as criadoras das arquiteturas e donas do palco onde acontecem trocas intelectuais, comerciais e políticas.

Precisamos ter os sentidos mais aguçados do que nunca para discernir: o que é verdade? O que é mentira? Somos analógicos demais num mundo de plataformas cada vez mais sofisticadas.

Costumo brincar que educo meu algoritmo. Falo sobre isso em meu programa de rádio e meus ouvintes se divertem. Mas também é educativo. Já viajei pelo mundo em busca de culturas e filosofias espirituais que me apontassem caminhos de autoaprimoramento. Hoje, ao acordar, recebo informações e reflexões das mais profundas nas minhas redes, pois as programei assim. Preciso confessar que gosto de como trabalho com os algoritmos e dos conteúdos que venho programando receber.

Por isso não é surpreendente que o algoritmo tenha me trazido o perfil de Tatiana Paranaguá, especialista em psicanálise e Carl Jung. Ela, que atende em consultório, é professora da Casa do Saber, além de escritora e diretora do Centro Junguiano. Apenas ficou a cargo da minha intuição sentir que era preciso conversar com ela. Sigo o fluxo.

Tatiana começou a se interessar por Jung quando esbarrou no conceito da sincronicidade. Foi por volta de quando tinha 14 anos que entrou em contato com um disco da banda The Police, *Synchronicity*, lançado em 1983. Ela foi fisgada pelo termo e decidiu investigar o que significava.

A sincronicidade existe e aparece nos lugares mais inusitados. "Preste atenção a tudo, porque o recado vem", Tatiana comenta. A partir de uma reportagem, ela correu para a biblioteca perto de casa e *Sincronicidade* foi o primeiro livro de Jung que Tatiana leu.

Foi amor à primeira vista.

"Você precisa estar sintonizado com outro paradigma para poder compreender com profundidade a obra de Jung", segundo Tatiana. Uma das características de outro "paradigma", como ela diz, é não negar aquilo que é fantástico ou ainda sem explicação; é considerar relevante tudo o que possa ser misterioso.

Recordo-me do texto de um astrólogo, mestre em antropologia e sociologia pela UFRJ, Dimitri Camiloto. Ele escreveu em suas redes sociais:

> A mentalidade patriarcal, que equipara luz e crescimento ao bom e escuridão e diminuição com o ruim, acabou operando uma espécie de cisão ao estabelecer uma visão hegemônica do tempo como linear e necessariamente levando a um fim absoluto, em vez de reconhecer e se fazer valer de sua natureza cíclica e circular, que se espirala e leva a um "retorno ao futuro". Essa cisão se estabeleceu no inconsciente coletivo, passando, inclusive, a desvirtuar nossa noção da velhice e da morte, interferindo na experiência de determinados ritos de passagem, como a menopausa, por exemplo. É hora de acessarmos a nossa visão noturna [...]. Ao aceitarmos e nos reapropriarmos da totalidade dos nossos seres, temos que inevitavelmente rever nossos medos do escuro. Pois a cura que ocorre na escuridão precede a renovação e nós emergimos de volta para a luz com a sabedoria da mudança. Não existe morte e fim absolutos, porque tudo é cíclico.[43]

Mudar o eixo de nossa mentalidade é importante, é uma potência feminina (em homens e mulheres), nos tira do eixo linear e nos permite pensar a vida como feita de fluxos, ciclos e mistério também. No livro *O Sagrado*, o teólogo e filósofo Rudolf Otto, nascido em 1917 e contemporâneo de Jung, propõe um termo para a compreensão desses aspectos considerados divinos e misteriosos. Eles formam um conjunto de *experiências numinosas*: experiências importantes que, em si mesmas, são a expressão de algo que escapa ao domínio do intelectual. É a partir daí que Tatiana me explica sobre as sincronicidades, tão estudadas por Jung, ferramentas para um certo tipo de treino da intuição.

Buscar o mistério ou o sagrado em nossas vidas se trata de uma *demanda numinosa*, segundo ela. Essa demanda costuma surgir no que Jung chamaria de meia-idade ou na segunda metade da vida. Nesse período, surge uma necessidade de integração da personalidade. O que foi deixado de lado numa primeira etapa da vida, ou tido como não tão importante, surge com força para ser integrado.

Algumas vezes, quando se vive de maneira demasiadamente materialista, passa a existir nessa etapa o desejo de procurar por algo mais profundo, o sentido da vida de fato. Muitas pessoas vão para a terapia com essa questão. Com essa percepção, Tatiana começou a se dedicar a ajudar as pessoas na descoberta do sagrado.

Estou interessada nas coincidências, quero entender como foram estudadas, como se relacionam com o sagrado e como podem ser ferramentas para a intuição. Tatiana, então, me explica que sincronicidade é tudo o que acontece *sin + cronos*, "junto no tempo", ao mesmo tempo. Jung vai tocar nesse assunto em seu livro *Sincronicidade*, e no *Símbolos da transformação*, o quinto livro de sua obra completa.

Tatiana lembra a época em que a psicologia emergiu como uma ciência, por volta de 1900. Foi o momento em que houve uma profusão de pensadores com foco em descobrir os mistérios do funcionamento da mente. Alguns ramos de estudo da psicologia passaram a buscar comprovações experimentais para suas hipóteses. Mas houve pesquisadores que buscaram outros paradigmas para suas descobertas. Carl Jung e William James são alguns deles. James, em particular, estava interessado na investigação da transcendência. Assim como ele, o filósofo Ralph Waldo Emerson e o historiador e naturalista Henry David Thoreau.

William James foi um filósofo e psicólogo norte-americano, o primeiro intelectual a oferecer um curso de psicologia nos Estados Unidos e um dos principais pensadores do final do século XIX, considerado por muitos um dos filósofos norte-americanos mais influentes da história do país. Ele é um dos autores favoritos de Tatiana Paranaguá. Considerado o pai da psicologia nos Estados Unidos, o professor de Harvard acreditava que nossa realidade se localiza em um nível da existência, mas existiriam realidades superiores à nossa. Ele sugeria que, em estados alterados de consciência, podemos acessar esses outros níveis de realidade mais ampla, uma teoria que retomaremos capítulos à frente, pois hoje a ciência pesquisa sobre esse assunto. James criticou o materialismo, levou em consideração a existência da alma e buscou investigar também o que é transcendente e de impossível medição.

James entendia que a psique não é uma tábula rasa; para ele, não nascemos como seres biológicos moldados apenas pelo comportamento. No livro *As variedades da experiência religiosa*, publicado em 1902, fez uma discussão sobre o lugar ocupado pelo sentimento religioso ante o crescente materialismo científico da época.

Sobre a existência da alma, o psiquiatra Carl Jung também pesquisava. Em 1902, a tese de doutorado de Jung foi *Sobre a psicologia e psicopatologia dos assim chamados fenômenos ocultos*, em que realizou uma pesquisa sobre mediunidade e fenômenos paranormais observando o que acontecia com a prima, Hélène Preiswerk, que era médium.

O termo *sincronicidade* coroa o ápice de seu estudo e de sua observação. Nasce de uma pesquisa que ele desenvolveu, mas hesitou vinte longos anos para publicar.[44] Esses estudos somente seriam publicados depois de uma intensa troca de cartas com Wolfgang Pauli, físico teórico, pesquisador austríaco e um dos precursores da física quântica. Pauli foi analisado por Jung e teve mais de mil sonhos destrinchados direta ou indiretamente pelo psiquiatra. Os dois trocaram longas cartas sobre a interação entre a psique e a matéria.

> De professor Wolfgang Pauli para Jung
>
> Caro Prof. Jung
> A situação epistemológica em relação aos conceitos de "consciente" e "inconsciente" parece fornecer uma analogia bastante próxima com a "complementaridade" da física. Toda "observação do inconsciente", isto é, toda percepção consciente dos conteúdos inconscientes, tem um incontrolável efeito de reação sobre esses mesmos conteúdos. É inegável que o desenvolvimento da "microfísica" fez com que a maneira de descrever a natureza nesta ciência se aproximasse muito mais da nova psicologia.[45]

Segundo Paul Halpern, professor de Física e Matemática na Universidade de Ciências da Filadélfia e autor de livros de ciências para leigos em física, "um dos aspectos notáveis da colaboração Pauli-Jung foi como suas retóricas começaram a convergir. Graças a Pauli, Jung tornou-se muito mais conhecedor da física quântica, incluindo seus aspectos de acaso e o papel dos observadores. Graças a Jung, Pauli mergulhou nos estudos de misticismo, numerologia e simbolismo antigo".[46]

Em 1945, Wolfgang Pauli recebeu o Prêmio Nobel pela descoberta de uma nova lei da natureza: o princípio da exclusão. O cientista também é conhecido pelo "efeito Pauli". Havia uma história divertida que dizia que, aparentemente, quando ele estava por perto, aconteciam fenômenos estranhos, principalmente falhas em equipamentos experimentais supostamente causadas por sua presença. Alguns colegas chegaram a proibi-lo de entrar nos laboratórios porque, de alguma maneira, Pauli alterava o campo eletromagnético, o que interferia nas experiências. Essas estranhas ocorrências corroboravam as investigações sobre a legitimidade da parapsicologia e sobre sincronicidade estudadas por Jung. A importância de Pauli é tão grande para a ciência que o físico e matemático alemão, Max Born, o considerava comparável ao próprio Einstein. Einstein, por sua vez, chegou a declará-lo seu sucessor intelectual.[47]

Curioso é que, no momento em que Paranaguá me contava exatamente sobre o efeito Pauli, o interfone da minha casa tocou. No mesmo instante, a conexão da minha internet caiu e nossa gravação foi interrompida. Dei risada com a coincidência. Não pude acreditar que aquilo estava acontecendo. Quando voltamos à conversa, comentei com ela sobre o fato. A psicanalista me explicou que vivenciamos ali uma sincronicidade.

Quando dois fatos que não têm nada a ver um com o outro acontecem concomitantemente, mas se correlacionam, como ocorreu no momento da nossa ligação – que caiu ao mesmo tempo que tocou o interfone e que falávamos sobre interferências da presença de Pauli nos experimentos –, é uma sincronicidade e representa exatamente o mistério que foi investigado pelo físico e pelo psiquiatra.

Outro pesquisador importante na criação das teorias de Jung foi o norte-americano Joseph Rhine. Contemporâneos, os dois passaram a trocar cartas a partir de 1934. Rhine tinha desenvolvido pesquisas na área de Percepção Extrassensorial (PES). Jung foi influenciado pelos conceitos de PES em seu trabalho de 1952, *Sincronicidade: um princípio de conexões acausais*.[48] Apesar das controvérsias sobre o conceito, o psiquiatra estabeleceu três categorias do que é sincronicidade.

A primeira é a sincronicidade por semelhança ou correspondência sincrônica entre um evento subjetivo e um evento objetivo; foi o que aconteceu com meu interfone durante entrevista com Paranaguá. O segundo é a sincronicidade como correspondência de um estado psíquico com evento externo fora do campo de percepção sensorial do indivíduo, como é a *telepatia* (comunicação mente a mente) e a *clarividência*. O terceiro é a sincronicidade como associação entre um estado psíquico e um evento futuro ou a *precognição*.

Esse último tipo se torna especialmente significativo, pois nele está contida a suposição da superação psíquica em relação ao tempo e ao espaço, elementos muito importantes para Jung em sua construção teórica.

Em *Sincronicidades*, Jung explica que, dentro do que podemos chamar de "paradigma de rede", tempo e espaço não seriam lineares e poderiam se inverter. O que dá espaço para, por exemplo, a ideia da premonição ou da intuição que antecipa fatos que podem estar um pouquinho à frente.

Isso representa algo oposto ao *determinismo*, em que o efeito somente ocorre depois de uma causa muito bem definida. Nossa realidade se organiza assim, isso é um fato material e concreto. Mas, para Jung, não seria apenas assim.

O psiquiatra também acreditava em sonhos premonitórios por entender que a mente não é somente algo encerrado dentro da nossa caixa craniana; seria mais do que isso.

Como um exemplo prático, a psicanalista Tatiana Paranaguá me conta que, pouco tempo antes de acontecerem os ataques terroristas de 7 de outubro de 2023 em Israel, dois de seus pacientes haviam sonhado com situações muito semelhantes àquela e nenhum deles tinha ligação com o ocorrido ou parentes na região. Como explicar?

Aconteceu comigo.

Um dia após meu aniversário, sonhei com minha avó. No sonho, depois de vê-la, eu saía para um parque de diversões localizado dentro de uma loja de biscoitos e bolos de determinada marca. Eu enchia minha sacola com bolos, bolachas, torradas e ficava muito brava com meu marido, pois, apesar de ser tudo gratuito, ele não pegava nada. Foi muito marcante a imagem da marca amarela e das guloseimas que eu colocava na sacola. Lembro com nitidez de segurar uma colomba pascal e sentir até o cheirinho dela.

Acordei no meio da noite e, como o sonho foi estranho e nele eu tinha ficado realmente aborrecida com meu marido, o acordei para contar o que havia acabado de sonhar. Eram por volta de três horas da manhã. Tínhamos que voltar a dormir, pois no dia seguinte viajaríamos a Avaré, no interior de São Paulo, para participar de um festival literário em que eu mediaria uma conversa sobre poesia.

Demos risada do sonho e voltamos a dormir.

Na manhã seguinte, pegamos a estrada. Queríamos chegar logo ao festival e decidimos não parar nem para abastecer nem para comer. Porém, ao longo do caminho, meu filho pediu para fazer xixi. Perdemos a entrada do primeiro posto de gasolina e nos programamos para parar no seguinte, 10 quilômetros adiante. Quando entramos no posto, ao olharmos para o lado, não podíamos acreditar. Havia uma loja gigantesca, absurdamente inusitada, da mesma marca com a qual eu havia sonhado na noite anterior. Os produtos, a cor, a colomba pascal. Estávamos em julho!

Perguntei à moça do caixa o porquê daquela loja enorme no meio da estrada, e ela me disse que era uma loja única no Brasil, uma *loja conceito* da marca. Eu não podia acreditar e, ao mesmo tempo, fiquei extremamente aflita para entender a razão do sonho. Emergiu em mim toda a sensação bizarra que tive dentro daquela loja que eu nunca tinha visto em nenhum outro lugar da cidade e que encontramos no meio do nada, numa estrada. Meu marido me olhou estupefato. Me disse que, se eu não o tivesse acordado às três horas da manhã para lhe contar o sonho, ele não acreditaria naquela coincidência sem sentido. Por via das dúvidas, entramos na loja e compramos vários bolos de chocolate. Não foram de graça, como eu tinha sonhado, mas meu filho ficou muito feliz.

Não consigo me esquecer dessa experiência.

A exemplo de sonhos e premonições, Jung e Pauli investigaram se havia interação entre a psique e a matéria, na tentativa de encontrar pistas e explicações para acontecimentos dessa ordem e como eles poderiam nos ajudar a entender mais sobre a realidade, sobre o que sabemos sem nem mesmo imaginar que sabemos.

Tatiana Paranaguá me aponta que há um tipo de intuição ligada à ideia da sincronicidade. Em pesquisas e experimentos sobre a interação da mente e da matéria, Jung e Pauli mostraram que o funcionamento da psique ocorreria num nível subatômico, analogamente ao que a física investigava sobre a matéria naquele momento.

Hoje, do ponto de vista do comportamento, a neurociência vem pesquisando os fenômenos de sincronia elétrica cerebral entre pessoas e animais e de cérebro para cérebro. Talvez nesse ramo da ciência, com aparelhos e eletrodos, seja possível dizer, ou descobrir, com uma linguagem mais precisa, sobre o que seriam as sincronizações e algumas sincronicidades.

O renomado médico e neurocientista brasileiro Miguel Nicolelis estuda há anos o que chama de *brainet*, conceito que criou em 2013, quando trabalhava e dava aulas na Universidade de Duke, nos Estados Unidos. Seu estudo observou ratos conectados uns aos outros pela rede neural. A pesquisa foi publicada pela revista *Nature*. Em entrevista ao programa *Roda Viva*, reconhecido programa jornalístico em rede nacional comandado pela jornalista Vera Magalhães, perguntei a Nicolelis sobre o assunto e ele disse que, justamente, a brainet estuda o que significa essa sincronização da atividade elétrica cerebral interespécies. Esse é, sem sombra de dúvidas, um ramo prolífero em pesquisas neste momento.[49]

Não é à toa que, muitas vezes, Carl Jung dizia que sua psicologia seria aceita e comprovada não por seus colegas psiquiatras, mas pelos novos físicos.[50]

Um dos conceitos que Jung desenvolveu no livro *Símbolos da transformação* é que cada indivíduo tem experiências muito diferentes sobre a realidade. O inconsciente existe antes de nós e, ao nascer, temos compreensão de apenas uma pequena parte do Todo, um pequeno pedaço da realidade.

Isso quer dizer que podemos ter muita dificuldade de conseguir enxergar os padrões da realidade ou entender o Todo e seus mistérios, ver com clareza quais redes nos conectam. Algumas pessoas podem ter uma percepção mais aguçada dessa relação que temos com o Todo; o que chamamos de intuição pode ser apenas uma maior capacidade de percepção das redes que nos conectam.

A psicanalista Tatiana Paranaguá revela que "uma pessoa intuitiva pode olhar para uma parede e nem mesmo prestar atenção à cor dela. Por outro lado, pode saber o que está acontecendo atrás dela". Nesse momento, me recordo da conversa que tive com a escritora Carola Saavedra para este livro e me impressiono com a materialidade do que ela viveu. Carola é autora de livros incríveis, em especial *O mundo desdobrável: ensaios para depois do fim*. Durante a conversa em que eu desejava saber como a intuição inspirava seus livros, Carola me disse que sempre foi guiada por ela.

Antes de publicar o primeiro livro, participou de um concurso chamado "Contos do Rio", do jornal *O Globo*. Na história que escreveu para o concurso, havia uma cena em que ela descrevia um quadro pendurado na sala dos pais. Detrás do quadro, saía uma lagartixa. Mas Carola não tinha certeza de que devia inscrever a história no concurso; achava que não tinha chance de ganhar. Pensando nisso, parou na sala de casa e ficou olhando para o quadro que tinha descrito na história. De repente, para sua surpresa, de trás do quadro saiu uma lagartixa de verdade, exatamente como ela tinha descrito na história.

Carola tomou um baita susto, mas teve certeza de que deveria se inscrever no concurso. No final, ela foi a vencedora do "Contos do Rio" e, oficialmente, foi esse o início de sua carreira como escritora. Apenas uma das dezenas de histórias em que a intuição marcou presença na vida dela. Não é porque não existe explicação racional para determinados fatos que eles não existam. Bem longe disso.

Tatiana me explica que a intuição não é mensurável. Você provavelmente não vai conseguir medir num laboratório, em experimento, e, por enquanto, ninguém conseguiu descobrir como ela acontece ou de onde veio exatamente. Embora produza efeitos no corpo, não nasce no corpo. Embora você diga: "eu sinto", você não está sentindo; está, na verdade, intuindo. Claro que ela vem de algum lugar, mas nem sempre da circunstância de *causa e efeito* a que estamos acostumados. Voltemos à questão dos sonhos, ou até do meu próprio sonho sobre a loja dos bolos. O efeito (o sonho) veio antes do fato (chegar e entrar na loja de bolos e colombas pascais).

Carl Jung somente poderia dar sequência aos estudos para tentar explicar fenômenos como esses se aliando a um cientista que estava naquele momento pensando e elaborando teorias inovadoras, como Wolfgang Pauli, e coletando experiências de um criterioso pesquisador no campo da parapsicologia, como Joseph Rhine. Lembro também da importantíssima conexão de Jung com o sinólogo Richard Wilhelm para a construção do conceito de sincronicidade. Wilhelm foi o tradutor do *I Ching - O livro das mutações* para o alemão, a partir do original chinês. Foi Jung que fez o prefácio do livro dele e uma das primeiras vezes que utilizou o termo sincronicidade. No livro *O espírito na arte e na ciência* é descrita a conexão dos dois autores e a importância de Wilhelm para Jung.

Não precisamos ter conexão com o mistério para desenvolvermos a intuição. Ela é um fenômeno natural e intrínseco a todos nós. O problema é que, quanto mais apegados a uma visão reducionista do mundo, como se corpo e mente fossem meros aparatos mecânicos de desenvolvimento da vida, mais bloqueamos essa via de acesso ao saber natural, ancestral e sutil. Ela não desbanca nem descarta; a intuição apenas nos mostra que existem mais formas abrangentes de saber e existir no mundo, segundo Paranaguá.

Um exemplo de uma técnica que há muito tempo foi rechaçada como pseudociência, mas que vem ganhando interesse do público em geral, é a astrologia. Após pesquisar amplamente sua relevância para povos do Oriente, Jung fala dela no livro *Sincronicidade*. De acordo com os Vedas, manuscritos milenares que influenciaram boa parte do que conhecemos como filosofia no Oriente Médio e, depois, na Europa, a astrologia é parte fundamental do conhecimento humano e da nossa relação com o ritmo do cosmos. Um conhecimento que foi colocado nos porões da história como superstição sem o devido aprofundamento. É um estudo que certamente ganhará holofotes e credibilidade nos próximos anos, quando for entendido mais profundamente.

Pergunto para Tatiana Paranaguá como a sincronicidade opera em sua vida. Ela me diz que é guiada sempre. Um dos casos, longe de ser o único, foi a maneira como reencontrou uma amiga que viria a ser sua sócia no Centro Junguiando. Ambas muito próximas na faculdade, se separaram quando Tatiana foi morar em Brasília. Ao voltar para o Rio de Janeiro, Tati matriculou a filha numa nova escola, em que houve um passeio logo na primeira semana de aulas. No ônibus, a filha de Tatiana sentou-se ao lado de um menino, que logo se tornou seu amigo. Ao chegar do passeio, descobriram que o menino era filho de Bianca, a melhor amiga de Tatiana na faculdade. Logo após se encontrarem, outras coincidências aconteceram, e as duas resolveram abrir juntas um centro de trabalho de psicanálise.

O que esses sinais podem estar querendo nos dizer? A chave para a descoberta é estarmos atentos. É nos percebermos tão pequenos diante dos mistérios da natureza e do que não estamos enxergando agora, mas existe.

A intuição, a partir dessa visão, capta padrões não óbvios, algo maior, que nossos olhos não enxergam e que nossa mente tem dificuldade de comprovar por ser limitada demais diante da grandeza dos sistemas que sustentam nossa vida.

Se antes as coincidências já me encantavam, agora viraram fonte de diversão e de informação por meio de uma busca de mais presença e reverência ao mistério.

CAPÍTULO 6

Curto-circuito na história

"O que chamamos de ciência é um estreito projeto patriarcal de um curto período na História, mecânico e reducionista. Um modelo de dominação e exploração da natureza considerado como único conhecimento confiável a partir da Revolução Industrial. Enquanto isso, os modelos de proteção, conservação, rejuvenescimento e regeneração, que são os reais conhecimentos e que estão nas mãos de mulheres, camponeses e povos indígenas, foram jogados na lata do lixo."

VANDANA SHIVA[51]

Ao longo da história das civilizações, muitos dos fenômenos que ninguém sabia explicar eram tratados como "espirituais", atribuídos a Deus, aos deuses, ao milagre. Com a criação da ciência moderna, a partir dos anos 1700, aquilo que antes era atribuído a uma divindade começou a ser chamado de superstição, e questões de foro íntimo, tudo o que era misterioso e que a ciência experimental não podia comprovar. Ou seja, aquilo que não tinha como ser provado por meio do método científico devia ser mantido na esfera privada, sem ser levado para a arena pública. A superstição seria considerada quase uma falha de caráter; subterfúgio de pessoas fracas que não conseguiam lidar com a vida real.

Para o bem e para o mal, as redes sociais abriram a caixa de Pandora do que era dito às escondidas, em terreiros, casas espíritas e em conversas privadas com nossas avós ou tias. Minha tia Dolores era a benzedeira de toda a família. Desde pequena, quando tinha cólicas doídas, noites sem dormir, ou algo estranho, era para ela que minha mãe corria para tomar o "passe". Católicas fervorosas, de irem à missa e viverem rezando, as irmãs não sabiam explicar o que acontecia quando a tia-avó "incorporava". Mistérios da vida. Tratava-se de uma habilidade sofisticada ou de uma superstição?

Não à toa, no início do século passado, isso se tornou interesse de estudo de médicos e psiquiatras como Jung. Hoje, cientistas da Universidade da Virgínia estudam reencarnação e comunicação com o "além".[52]

Pesquisadores brasileiros, como o psiquiatra Alexander Moreira-Almeida, professor da Universidade Federal de Juiz de Fora com pós-doutorado pela Universidade de Duke, se dedicam a estudar relatos e estão cada vez mais próximos de respostas satisfatórias com o respaldo da comunidade científica, como acompanharemos à frente.

A ciência é uma potência humana e não pode ser de todo culpada pelo preconceito criado sobre conceitos subjetivos como espiritualidade e intuição. Podemos, sim, falar de uma parte de cientistas mas, principalmente, divulgadores de ciência (comunicadores, jornalistas e formadores de opinião) que se guiaram pela mentalidade reducionista. Neste momento, temos não apenas a filosofia, mas também estudos da neurociência e da psicologia para embasar o que sabíamos com o corpo ser verdade, como diz a física Vandana Shiva na epígrafe deste capítulo.

Da mesma forma, no passado, já foi julgado supersticioso dar ouvidos às lideranças indígenas e aos xamãs quando nos alertavam para os perigos da degradação da natureza, uma fala baseada na conexão visceral com o meio – não com dados estatísticos. O saber indígena é intuitivo e ligado ao tempo e ao pulso da natureza. Hoje, sabemos que é uma forma mais do que legítima de conhecimento. Certa vez, o líder indígena Davi Kopenawa Yanomami me disse que o sagrado se aprende com o tempo, e não com a escrita. Emoldurei um quadro com essa fala e pendurei na minha sala.[53]

Para mim, o viver intuitivo é um sentido real de existir. Após uma entrevista para meu programa de rádio, perguntei para a psicanalista Vera Iaconelli sua opinião a respeito do tema intuição. Ela abriu os lindos olhos acinzentados e me disse que é um assunto cada vez mais necessário; pais e mães não se guiam mais pela intuição na educação dos filhos, precisam de manuais e regras para tudo. Estão abrindo mão de um poder ancestral em nome do que é "certo", do que está escrito nos livros ou nos manuais.

A Grécia, com Aristóteles, Platão, Sócrates e Pitágoras, é exemplo de uma civilização que historicamente viu a racionalidade emergir junto ao que é espiritual: a razão era usada por grandes filósofos e pensadores para ajudar a entender e explicar o que estava no domínio do espírito e dos mistérios sobre a fonte da vida. Podemos enumerar diversos cientistas que, ao longo da história, usaram a racionalidade para explicar inquietações religiosas, como Francis Bacon, Galileu Galilei, Johannes Kepler e Isaac Newton.

O sufocamento do saber subjetivo, do que é interno em nós, foi uma escolha feita ao longo do tempo com a valorização do intelecto puro, que aconteceu concomitante a um afastamento sistemático da presença feminina, indígena e de corpos colonizados das posições de poder. Fomos caracterizados como detentores de um saber menor, infantil, primitivo, que deveria ficar dentro de casa ou fadado à servidão. Com uma breve pesquisa na história da ciência, podemos localizar quando houve essa separação mais definitiva.

Em 2022, tive a oportunidade de entrevistar em meu programa de rádio a matemática Tatiana Roque, quando lançava seu livro *O ano em que voltamos de Marte*, obra que aborda a relação da ciência com o poder e a política ao longo da história.[54]

Especialista em história e filosofia da ciência, Tatiana é professora da Universidade Federal do Rio de Janeiro, no Instituto de Matemática. Tem doutorado em engenharia de produção e, como filósofa, escreve e relaciona momentos importantes da história com momentos de relevante avanço científico. Gostei quando ela me disse que seus projetos são sempre muito elogiados, mas, na matemática, dizem que ela é historiadora; na história, dizem que é filósofa, e na filosofia, dizem que é matemática.

Segundo ela, há histórias interessantes e uma bibliografia indispensável que nos ajuda a entender quando houve a cisão entre o olhar dito científico e o olhar intuitivo na sociedade ocidental.

Hoje em dia, a ideia de objetividade é um atributo – importantíssimo e que nos levou a muitos avanços – praticamente inseparável da própria definição de ciência. Mas a verdade é que ela foi sendo construída ao longo de muitos anos. A noção de *objetividade* se tornou característica incontornável da ciência recentemente, apenas em meados do século XIX, segundo Roque.

O que é a objetividade? Por que se torna um atributo tão importante em meados do século XIX? Por que nos afastou culturalmente da intuição?

Dois historiadores escreveram sobre isso: Lorraine Daston, atualmente diretora executiva do Instituto Max Planck para a História da Ciência em Berlim, e o norte-americano Peter Lois Galison, físico, filósofo e historiador da ciência. Em 2017, publicaram o livro *Objectivity*, em que descrevem como o critério da objetividade se tornou o centro das discussões em ciência por volta do ano de 1800.

A objetividade é "uma disciplina que visa recalcar a subjetividade", segundo Tatiana. Assim, você precisa constranger, abafar e recalcar tudo aquilo que diga respeito ao *self*, tudo aquilo que diz respeito ao *eu* e ao que é percepção do sujeito. Não quer dizer que todo o conhecimento do *self* não exista. Mas, para o fazer científico, o paradigma é de que ele deve ser colocado de lado.

Portanto, a objetividade vira o modelo de uma prática de contenção da subjetividade na qual se escolhe ver o mundo do ponto de vista material, racional, do que vemos com os cinco sentidos: o que existe é aquilo que é possível medir. Solidificou-se a ideia de que, para analisar o mundo como ele é, você não pode projetar sobre o mundo os seus gostos, suas preferências, o que você sente, nada que diga respeito ao seu *eu íntimo.*

Naquele momento histórico, os homens da ciência passaram a ter um lugar de destaque. Eram aqueles capazes de restringir o *eu* para analisar o mundo a partir de critérios objetivos. Passaram a ser pessoas respeitadas. Surgiram, então, os aparelhos de precisão e houve um boom no desenvolvimento tecnológico. Também começaram grandes avanços nas investigações sobre a origem da vida: primeiro, com o desenvolvimento da anatomia, da fisiologia e da microscopia, sendo possível destrinchar, então, a mecânica do funcionamento do corpo em níveis inimagináveis. Em segundo lugar, com a Revolução Francesa, acontecia a redução da autoridade do rei e da igreja nos países europeus, o que possibilitou o aparecimento e a divulgação de teorias científicas condenadas e execradas pela religião católica.

O filósofo alemão ateísta Ludwig Andreas Feuerbach, que viveu entre 1804 e 1872, exerceu grande influência na psicologia e nas ciências humanas, assim como inspirou obras de pensadores como Karl Marx, Sigmund Freud, Friedrich Nietzsche. Ele disseminou a ideia de que "a religião é a essência infantil da humanidade" que precede o tempo da maturidade filosófica, momento em que o ser humano se reapropria, enfim, conscientemente daquilo que estava inconscientemente projetado sobre esse ser imaginário – conforme registra o filósofo Frédéric Lenoir em seu livro *A Odisseia do Sagrado.*[55]

Portanto, a religiosidade e a espiritualidade representavam algo negativo, neurótico, um mecanismo de defesa de pessoas frágeis ou imaturas que não teriam capacidade de enfrentar a vida como ela é. Segundo Feuerbach, a religião é uma forma de patologia psíquica, e certas pessoas criam fantasias como a vida após a morte, Deus e fábulas sobre o sentido da vida.[56]

Politicamente, na França, com a abolição do poder dos monarcas e a ascensão da burguesia, surgiram as grandes escolas para a formação das pessoas que iriam compor os cargos de governo; essa composição tomava o método analítico da matemática como base de organização para a formação e seleção dos quadros, passando a ser o modelo norteador do cidadão que administraria o Estado naquela sociedade emergente. "Laplace, que era um grande matemático, foi ministro de Napoleão", lembrou Tatiana Roque.

Uma das ideias por trás desse paradigma é a de que o comportamento daqueles que ocupavam cargos no Estado não podia dar margem para ambiguidades ou para decisões que pudessem culminar em comportamentos lunáticos ou autoritários. Acreditava-se que as ambiguidades haviam resultado em atitudes radicais no período de Terror, durante a Revolução Francesa. Da mesma forma, a objetividade embasou o treinamento que visava obter a máxima eficiência da força de trabalho – o que foi a base da expansão tecnológica durante a Revolução Industrial.

Naquele momento, ciências como a física e a química passaram a ditar muito do modelo mental da sociedade. Não sem paradoxos. Foi quando se criaram distinções mais contundentes entre o que os homens e as mulheres eram capazes de fazer, separações baseadas no paradigma "científico". Considerava-se que as mulheres tinham tendência ao subjetivo, a se voltarem e a pensarem sobre o de dentro, o íntimo. Os homens seriam aqueles que vão para o mundo, os que descobrem.

Quem discursa criticamente a respeito disso é a escritora Virginia Woolf. No ensaio *Um teto todo seu,* considerado um marco para o pensamento feminista, ela questiona as disparidades entre homens e mulheres nas artes e na sociedade.[57] A professora Tatiana Roque lembrou que, no livro *Três guinéus,* a autora expõe a aberração desse empreendimento intelectual reducionista de separação cultural.[58] As mulheres, tidas como mais propensas a pensar subjetivamente (intuitivamente), deveriam se dedicar a um tipo de conhecimento voltado para a casa, enquanto os homens, pseudodetentores da razão e da objetividade, seriam os conquistadores do mundo – em suas diversas camadas.

Havia situações esdrúxulas expostas por Virginia, como sobre o ensino da época. Algumas universidades permitiam a formação de mulheres, como Cambridge, mas com uma importante distinção: os homens podiam frequentar a faculdade e a eles seria indicado o conhecimento voltado ao mundo; as mulheres eram educadas pela universidade, mas em casa, e deveriam dominar conhecimentos voltados ao ambiente doméstico.

Esse abafamento do modo de pensar dito *feminino,* como um projeto de poder misógino, até hoje mostra consequências nefastas – da ciência à política. Virginia Woolf expõe essas questões na obra que foi traduzida e publicada no Brasil. No livro, ela chega a dizer claramente que, "como mulher, não tenho nenhum país. Como mulher, não quero nenhum país, meu país é o mundo inteiro",[59] pois as mulheres não eram de fato reconhecidas como cidadãs, não tinham direito ao voto e eram preteridas em diversas outras situações do debate público.

Ana Carolina Mesquita, doutora em Teoria Literária pela USP, tradutora e especialista na obra da escritora Virginia

Woolf, revelou, ao conversar comigo, que, se de um lado a ciência – e, por consequência, a sociedade – vivia a exaltação do pensamento pragmático e científico, foi no final do século XIX e início do século XX que, paradoxalmente, na literatura e nas artes, escritoras começaram a se opor ao operante sistema de poder intelectual que vinha se consolidando. Elas passaram a se organizar em grupos para se tornarem conhecidas e, inclusive, assinarem os próprios textos. Virginia Woolf foi uma grande entusiasta dessas mulheres e tinha consciência de que o fato de ter nascido naquela época era fundamental para que pudesse expandir sua voz da maneira como fez. O papel era barato e as mulheres podiam, mesmo que às escondidas, num canto da sala, começar a escrever.

Ana Carolina lembra o importante apontamento de Woolf em *Três guinéus*: se as mulheres tivessem voz ativa e política, provavelmente não haveria guerras como as que estavam acontecendo naquele momento. Vivia-se a Primeira Guerra Mundial. Se as mulheres não tinham pátria e se sua pátria era o mundo, jamais uma mulher brigaria com outro irmão ou irmã numa guerra entre nações. Usar a ciência e a inteligência para matar não fazia sentido. Com isso, Woolf expõe um paradigma de existência feminino. Incentiva que as mulheres escrevam como mulheres, que façam literatura sem buscar o padrão cartesiano de querer convencer alguém sobre algo. Incentiva mulheres a escreverem com a proposta da escrita sensorial: como uma verdadeira experiência. Virginia queria transpor toda a sua intuição e inspiração na literatura, mas tinha, ao mesmo tempo, uma obsessão com o lapidar artístico ordenado e criterioso, segundo Ana Carolina Mesquita.

A maneira como Virginia Woolf entende o processo criativo tem muito a ver com o significado de intuição. Ana Carolina me explica, citando um trecho sublime da obra de Woolf:

> Quero que vocês imaginem uma moça sentada com uma caneta na mão passando minutos, na verdade horas, sem molhar a pena no tinteiro. Quando penso nessa moça, a imagem que me ocorre é de alguém pescando, em devaneios, à beira de um lago fundo com um caniço na mão. Ela deixava a imaginação vaguear livre, por todas as pedras e fendas do mundo submerso, nas profundezas de nosso ser inconsciente. Então, vem a experiência, a experiência que creio ser muito mais comum com as mulheres do que com os homens que escrevem.[60]

Woolf deixa clara a existência da necessidade de uma espera que aceita o tempo próprio das coisas para acontecer. Uma consciência de que as imagens formadas devem ser sentidas e que devemos ter coragem para deixar o tempo escorrer, nos trazendo respostas. Nada mais subjetivo. Virginia faz apologia para que as mulheres olhem para isso e usem essa capacidade em favor próprio. A importância da escritora para a época foi muita, não só pelo incentivo desse modo de pensar e produzir literatura, como por ter sido publisher de autores modernistas. T. S. Eliot foi publicado por ela, quem também editou obras de Sigmund Freud pela primeira vez em inglês.

Durante a Primeira Guerra Mundial, com o amplo uso das armas químicas para matar, ficou clara a existência de questões éticas e humanas no uso da ciência não discutidas, e muitos pensadores da época se levantaram contra isso. Como

Woolf já havia antecipado em *Três guinéus*, a irracionalidade da guerra tinha a ver com uma ciência sem alma. Outros grandes nomes do pensamento da época também se preocupavam com o tema e passaram a se reunir no que seria uma espécie de inspiração para a ONU e a Unesco. Entre esses pensadores, estavam o físico Albert Einstein, a química Marie Curie e o diplomata Henri Bergson.

É o filósofo e vencedor do Prêmio Nobel de Literatura de 1927, Henri Bergson, que merece um espaço à parte neste capítulo. Se na literatura a intuição não se calou diante do abafamento científico e político, foi no começo do século XX que Bergson publicou sua primeira obra, na tentativa de reunir a ciência e a filosofia e combater, de certa forma, uma tendência ao reducionismo.

A *filosofia da intuição* foi desenvolvida pelo intelectual, que preconizava estritamente o oposto do que rezava o paradigma da objetividade até então, tendo embates interessantíssimos com Einstein, por exemplo.[61] Bergson apontava a impossibilidade de nos separarmos do objeto observado. Para ele, a intuição é a realidade sentida e compreendida de modo direto – sem o uso das ferramentas lógicas do entendimento, como a análise e a tradução. Assim, a intuição é uma forma de conhecimento que penetra o interior do objeto de modo imediato.

Um dos maiores pensadores franceses de sua época, Bergson era do corpo diplomático francês e doutor pela Universidade de Paris. Como professor da Escola Normal Superior de Paris, publicou, em 1907, sua principal obra: *A evolução criadora*.[62] Era também membro da Academia Francesa.

Em minha busca por entender o pensamento dele, encontro o filósofo Marcos Camolesi, brasileiro especialista na obra bergsoniana. Camolesi mora na França e tem um currículo invejável; com formação em filosofia pela Universidade de São Paulo, tem quatro pós-doutorados em filosofia – um no Brasil e três na França – em instituições como Sorbonne e Escola Normal Superior de Paris. Hoje, é professor assistente na Universidade de Paris 1 Panthéon-Sorbonne, uma das mais antigas universidades francesas.

O filósofo inicia nossa conversa me contando que Bergson fazia parte da elite intelectual francesa; os livros que escrevia eram de linguajar técnico, principalmente o primeiro, sua tese de doutorado, os *Ensaios sobre os dados imediatos da consciência,* defendida na Sorbonne em 1889.

Nesse primeiro livro, o conceito central é a "duração" e tem a ver com o tempo e nossa experiência nele. Isso é essencial para entendermos a intuição. Pensemos em nossos ancestrais, no período em que não havia a linguagem verbal articulada da forma como a conhecemos atualmente. Havia outras maneiras de se comunicar sem a hegemonia ou a ênfase na lógica como temos hoje.

Certamente, aquelas pessoas experimentavam o tempo, a vida e a realidade de um jeito diferente de como experimentamos hoje.

Nossa experiência de vida atual torna muito difícil imaginar outras formas de vivenciar a realidade, porém podemos ter certeza de que nossos ancestrais viviam de modo drasticamente diferente. Segundo Bergson, há coisas que a ciência não consegue medir. O método analítico avalia um objeto e somente tem uma perspectiva dele pelo lado de fora, sempre da superfície. O método intuitivo, entretanto, se propõe a mergulhar e descobrir a partir do interior do objeto.

"Bergson se concentrou na experiência vivida do tempo e defendeu que essa experiência não pode ser reduzida ao tempo quantificado, portanto ao tempo medido pelos relógios", explica Mark Sinclair, professor de Filosofia da Universidade Queen's de Belfast, no Reino Unido, em entrevista à BBC News Mundo. Sinclair também compara a visão e as concepções de tempo em Bergson e em Einstein. "Existe uma experiência puramente qualitativa e subjetiva da passagem do tempo, antes de chegarmos a quantificá-lo, mas essa é a verdade do tempo, e não uma mera deformação subjetiva de um fato originalmente objetivo", conclui a reportagem de outubro de 2024.[63]

Bergson apontava que existem duas formas principais de pensar. Nossa cultura nos habitou desde a infância a considerar que **a única experiência interessante é a interessada**, a experiência com um objetivo. Somos levados a crer que o que fazemos e o que somos precisa ter um resultado, gerar uma consequência, precisamos sempre chegar a algum lugar. Em síntese, somos levados por nossa cultura a entender que o importante é a ação, é o agir.

Isso importa. Mas não é só isso.

Existe um segundo tipo de experiência descrito pelo filósofo: aquela que não está interessada em qualquer resultado, o foco da experiência não é uma consequência. É o silêncio, o estar, a presença, o *continuum*: apenas *ser* o fluxo de existência. Contemplar. Essa é uma experiência do tempo igualmente válida e importante. Porém, quem se atenta para essa qualidade de experiência no tempo em nossos dias frenéticos, em que até uma gravidez vira de imediato objeto de publicidade e consumo de testes de gravidez, por exemplo? Somos produtos o tempo inteiro.

Essa ideia de Bergson a respeito da experiência no tempo se conecta com a proposta de Virginia Woolf para a escrita, em especial a escrita feminina. O permitir-se ser um fluxo de existência, escorrer as palavras num *continuum* de livre pensar, de livre movimento da consciência. O lapidar racional viria num segundo momento.

Agirmos e sermos pragmáticos é uma tendência biológica encorajada por nossa sociedade. "Somos a confluência dessa tendência inscrita em nossa carne e em nossa mente pela nossa educação", Marco Camolesi me explica. Mas isso acaba ocultando a existência de outro elemento, também essencial e vital, a ser aprendido e desenvolvido dentro de nós: *o fato de termos uma experiência da passagem e da permanência do tempo.* Estamos respirando, existindo, morrendo a cada minuto. Isso é uma *duração* no tempo, uma *experiência íntima* no aqui e no agora.

Nosso corpo é instrumentalizado para agir e se desenvolver em sociedade: temos a fala, que nos dá poder, olhos para ver e saber como agir, ouvidos para perceber o que é externo e nos defender, e assim por diante. Com a inteligência, criamos objetos que aprimoram os órgãos do corpo, que potencializam o que o corpo já faz: óculos, carros, celulares. O mesmo vale para a chamada inteligência artificial, que aprimora em milhões de vezes a capacidade de combinar e analisar dados, dando-nos respostas cada vez mais surpreendentes.

Essas ferramentas nos ajudam a nos desenvolver no mundo externo, no mundo de fora. Mas nos fazem esquecer e até atrofiar o elemento essencial que nos compõe: a existência no tempo.

Precisamos agregar essa dimensão do existir em nossa consciência para uma vida de completa abrangência. Aqui, não falo apenas do tempo cronológico, mas do tempo referente ao existir. A esse tempo que Bergson chama de *duração*.

Diante de todos os estímulos e barulhos aos quais somos submetidos, apagamos a experiência da duração. Somos tarefeiros. Vivemos cercados de ruídos, das redes sociais à poluição sonora e visual das cidades. "Todo o nosso trabalho agora não é de inventar um tempo, mas redescobrir o tempo", Camolesi me alerta. Precisamos, talvez, redescobrir que esse tempo significa refazer os caminhos dos sentidos ancestrais para perceber como chegamos até aqui, para saber o que somos de verdade.

> Os verdadeiros místicos se abrem simplesmente à vaga que os invade. Seguro deles mesmos, porque sentem neles qualquer coisa melhor que eles, revelam-se grandes homens de ação, para surpresa daqueles para quem o misticismo não passa de visão, transporte e êxtase. Aquilo que eles deixaram fluir no interior deles mesmos, é um fluxo descendente que desejaria, através deles, ganhar os outros homens: a necessidade de difundir em torno deles aquilo que eles receberam, eles os sentem como um elã de amor.[64]

O que somos de verdade? Para Bergson, a intuição é a forma de entrar em contato direto com pistas para essa resposta, com a temporalidade ancestral. Ela é um método, mas vai além disso: é o contato imediato com o saber, sem mediação. O conhecimento direto. Pare e escute.

A física e matemática Tatiana Roque, professora da UFRJ, acredita que essa explicação deixa claro como, no conhecimento do mundo, a intuição é tão importante quanto a inteligência lógica; inteligência é aquilo que se conhece separando-se do objeto conhecido, colocando-se de fora. A intuição é aquilo que nos permite conhecer as coisas a partir de dentro, do saber imediato.

Em seus livros, Bergson afirma que, para isso acontecer, os movimentos das coisas que ressoam dentro de nós o fazem por meio de uma "simpatia". De acordo com a etimologia, a palavra "simpatia" é formada pela junção de *syn* + *pathos*, um sentimento junto, um sentimento mesmo. Ou seja, é estar junto no sentir, participar da mesma afeição, simpatizar e sentir o outro fora de mim – o que não é permitido pela inteligência, que mede e confere de modo pragmático. Assim, para conhecer o mundo com mais precisão, podemos fazer os dois movimentos: de fora para dentro e de dentro para fora.

As civilizações ocidentais privilegiaram os métodos de construção mediada, com processos, detalhes e procedimentos para conhecer e produzir. Isso é válido para qualquer cadeia produtiva e também para a produção intelectual.

É indiscutível que a ciência objetiva é fundamental e cada vez mais relevante em nossos dias. É louvável aonde chegamos. Mas talvez precisemos também de outra forma de apreender o conhecimento; algo que nos aparelhe para um mundo complexo que assiste a um caos no campo da informação. É tanta desinformação, mentira, negacionismo, teorias da conspiração e negação do contraditório que, nesse contexto, apenas o olhar pragmático não é suficiente – ele pode ser enganado.

Existe uma dimensão do conhecimento, uma dimensão da *verdade*, de que a ciência do intelecto não dá conta. Sendo treinada, a inteligência por meio da intuição pode ser de grande valia, inclusive como antídoto às pessoas de má-fé, pois é um conhecimento direto, que nos permite sacar mentiras, o que se distancia de verdades universais. Precisamos de treino.

Um exemplo atual: quantos golpes de internet e de falsificações passaram a acontecer com o aprimoramento das ferramentas digitais? Isso vai ser ainda pior com o nível de excelência que a inteligência artificial atingirá na produção de conteúdos e criação de deepfakes, técnica que usa IA para manipular vídeos e áudios, fazendo com que pareçam reais. Qualquer um de nós está sujeito a isso. É necessário o treino da inteligência e da intuição para evitar cairmos em tais golpes e manipulações. Há pesquisadores que já estudam sobre isso. Os criminosos investem na certeza de que, na pressa e numa credulidade tola, cairemos nos golpes. Não paramos por alguns minutos para refletir sobre a veracidade do que nos chega, simplesmente aceitamos e compartilhamos informações falsas tomados pelo nosso viés de confirmação, nossa tendência emocional a acreditar em certas coisas pelos nossos preconceitos, crenças - ou seja, por nossos condicionamentos ou superstições pessoais -, algo que vou discorrer longamente mais a frente. A intuição não é o mesmo mecanismo que opera nosso viés de confirmação.

Foi destaque no site da revista *Science*, em novembro de 2024, como a desinformação explora a indignação para se espalhar on-line.[65] Os pesquisadores examinaram o papel das emoções, especificamente a indignação moral (uma mistura de desgosto e raiva), na difusão da desinformação. Se estamos nesse modo visceral de viver, sem o senso crítico e, num segundo nível, intuitivo, somos as melhores presas. Em comparação com fontes de notícias confiáveis, as postagens de fontes de desinformação evocaram mais reações de raiva e indignação do que sentimentos felizes ou tristes. **Os usuários foram motivados a compartilhar o conteúdo, mesmo que falso, pelo simples fato de evocar indignação. A leitura é deixada de lado quando as pessoas são movidas visceralmente.**

Essa confusão é uma das razões para um campo tão nublado no espaço público de hoje. Precisamos sair do instinto, da superstição.

A intuição somada à inteligência intelectual é um guia para subirmos degraus de humanidade. É um saber mais verdadeiro, que nos apoia quando uma contradição é posta em nossa frente. Porém, essa inteligência precisa ser treinada, o elemento tempo deve ser cultivado em nosso cotidiano. Isso precisa estar nas escolas e em conversas familiares.

No começo do século XX, Henry Bergson buscou refazer o elo entre ciência e filosofia, mas é extensa a lista de cientistas que, para alcançarem descobertas que revolucionaram a sociedade, utilizavam da inteligência intelectual e da intuição antes do século XIX.

A matemática Tatiana Roque relembrou alguns deles: Da Vinci era cientista, artista, filósofo, e a ciência dele era baseada em sua arte – e vice-versa. Ele fazia parte do movimento dos workshops, a arte das oficinas, na Itália. O próprio René Descartes, cujo pensamento influenciou fortemente a ciência atual, era matemático e filósofo, conhecido como o criador da geometria analítica, mas também por suas obras filosóficas. Foi investigador da glândula pineal, que ele acreditava ser a sede da alma.

O inventor Wilhelm Leibniz escreveu obras como o *Discurso de metafísica*, que foi publicado apenas no século XIX, e *Monadologia*, publicado em 1714. Na sequência, Isaac Newton, conhecido como um dos maiores físicos de todos os tempos, foi também um conhecido alquimista. Todos esses pensadores publicaram seus tratados até o século XVII e flertavam com o mistério.

As ciências exatas e analíticas seguem os padrões de objetividade necessários, significativos e fundamentais no processo de realizar avanços tecnológicos. Mas não são o único saber válido. Perdem-se quando se cristalizam no dogma reducionista. Essa é a crítica que precisa ser feita. O papel das teorias humanistas, como a de Bergson, tende a se mostrar cada vez mais relevante em tempos complexos como os nossos.

Precisamos de tempo. Precisamos nos reconhecer como experiências no tempo. Desacelerar um pouco. Segundo Tatiana Roque, somente a intuição é capaz de apreender o passado no presente, o aqui e o agora como as madeleines de Proust, que, em uma mordida, trazem toda a infância e as memórias do autor.

A crítica literária Ana Carolina Mesquita lembra que os judeus guardam o *shabat*. Ao nascer da primeira estrela na sexta-feira, ficam em silêncio e em contemplação até o nascimento da primeira estrela no sábado. Nesse tempo, o judeu se encontra com suas duas almas. É uma metáfora para a humanidade. Nós temos "duas almas". Uma é aquela mencionada por Virginia Woolf: mais inconstante, vaga, artística, em todos nós. A outra é a alma da ordem, do rigor, da materialização.

Volto à ideia de que, há milênios, mestres do yoga, tendo como base as escrituras védicas, desenvolveram a tecnologia ancestral de reunir dois lados de nós, mesmo apartados.

Faziam ciência intuitiva desde aquela época. Veda é o conhecimento, yoga é a prática.

Tatiana Roque foi enfática ao ressaltar a necessidade dessa reunião na vida dela como professora. Munido do conhecimento teórico, um professor pode reverberar o aluno em si; isso é o que vai fazer com que o estudante aprenda por meio da simpatia. A intuição é a ferramenta que forja os melhores mestres.

"Como ser um bom professor se não nos deixarmos influenciar e afetar pelo outro? É preciso intuir quais são os caminhos daquele estudante, quais seus interesses, suas dificuldades, quais os pontos de relevância para ele. Só podemos saber disso deixando que ele nos afete. Esse professor vai ter muito mais capacidade de ensinar assim. Ensinar é um aprendizado conjunto. De um lado, a técnica; de outro, a intuição", ela concluiu.

Intelecto e coração. Objetividade com intuição. Entender que precisamos nos integrar, ciência e arte, ciência e filosofia, potências e inteligências femininas somadas às potências e inteligências masculinas: todas dentro de nós, uma vida inteira para afinar essa harmonia.

Corrigir nossos curto-circuitos. Passar a operar em cadência para uma eficiência genuinamente humana, com alma e ciência operando juntas.

CAPÍTULO 7

A ciência em busca da consciência

> "Há coisas que são simplesmente incompreensíveis para os cérebros de nossa raça e tempo. Um dos riscos mais simples é ser tomado por louco ou insincero. Eu recebi tantas acusações de ambos, que aprendi a manter o silêncio [...]. O homem tem horror a perder sua modesta capacidade cerebral, preferindo tratar como louco o companheiro que o perturbou. Se você busca ensinar algo de bom às pessoas, deve procurar os melhores meios de evitar tais preconceitos. Essas são as razões por que eu prefiro não comunicar muitas de minhas experiências. Elas confrontariam o mundo científico com problemas muito perturbadores."
>
> CARTAS TROCADAS POR JUNG E RHINE[66]

A religiosidade não desapareceu de nossa vida cotidiana. A espiritualidade não é mais entendida como sinônimo de obscurantismo, psicopatologia ou de imaturidade emocional. Para além da intuição, que aciona nosso repertório inconsciente com respostas ultrarrápidas para nosso cotidiano, quero entender qual a relação dela com o transcendente, se é que existe. Poderia a intuição, em certos casos, ser uma espécie de mediunidade? Como pesquisadores vêm buscando respostas para essa pergunta?

Chego a estas páginas feliz por comprovar que cientistas em todo o mundo buscam descobrir o que é a consciência. Esse é um assunto que me fascina. Uma reportagem de destaque na revista *New Scientist*, publicada em março de 2025, trazia como manchete que "compreender a experiência consciente não está além do domínio da ciência". Durante muito tempo, a medição objetiva da experiência subjetiva foi considerada impossível, mas está finalmente se tornando realidade e promete um impulso nos cuidados com a saúde e muito mais.[67]

Ao mesmo tempo, enquanto escrevo estas linhas, o Conselho Federal de Medicina no Brasil acaba de criar uma Comissão de Espiritualidade e Saúde para integrar as mais recentes pesquisas e práticas clínicas nas abordagens médicas, coordenada pela médica PhD em bioética Dra. Rosylane Rocha.[68]

Estudar a intuição em profundidade pode ajudar a ciência a compreender o crescimento de novos diagnósticos, como o das neurodivergências, principalmente em crianças. A ciência avança eliminando a crença preponderante no início do século XX, a de que a subjetividade e a espiritualidade são antagonistas ao pensamento racional e científico. Não são e nunca serão. São qualidades complementares, coexistem.

O psiquiatra Alexander Moreira-Almeida é um dos pesquisadores brasileiros reconhecidos mundialmente pelos estudos em torno de temas como consciência, espiritualidade e funcionamento do cérebro de pessoas ditas ou reconhecidas como médiuns. Ele é ex-coordenador na Associação Mundial de Psiquiatria (AMP) e na Associação Brasileira de Psiquiatria (ABP), responsável pela seção que investiga a relação entre espiritualidade, religiosidade e saúde mental. Seus livros e artigos abordam as fronteiras da relação mente-cérebro, as distinções entre experiências religiosas e sintomas psiquiátricos, as experiências de quase morte (EQM) e fenômenos paranormais.

Dias antes de nossa conversa para este livro, como citei em capítulos anteriores, ele foi agraciado com o Prêmio Oskar Pfister de 2025, que representa o reconhecimento internacional de suas pesquisas sobre religiosidade e espiritualidade como fator de saúde.[69]

Ele começa nosso papo me explicando que espiritualidade é a experiência de contato com uma dimensão transcendente da realidade, uma dimensão considerada sagrada. Toda tradição espiritual, dos ianomâmis aos muçulmanos, dos Vedas indianos aos umbandistas, se refere a uma dimensão que transcende este mundo em que vivemos: seja o mundo das ideias de Platão, seja o reino de Deus dos cristãos. Essa dimensão costuma representar algo com um valor fundamental na vida das pessoas, por isso é sagrada.

Uma linha de pensadores vai considerar essas crenças um mecanismo de defesa do indivíduo, uma fragilidade; outra linha, à qual pertence o dr. Alexander e a maior parte dos especialistas ouvidos neste livro, entende que a espiritualidade acontece a partir de experiências pessoais e reais com o transcendente.

"Desde que o ser humano é ser humano, ele relata experiências com Deus, com o divino, de ver pessoas que faleceram, de viver experiências de quase morte, de ver instantes antes de morrer parentes mortos que vêm buscá-lo", frisa o especialista.

Uma vez que essas experiências são frequentes, e sabemos, com o rigor da ciência de hoje, que não são experiências patológicas, o que elas representam de fato? Será que podem indicar que existe algo para além deste mundo material?

A ideia de que a consciência e a mente podem transcender a matéria é um dado cientificamente investigável, embora tema de grandes debates. Se já era desafiador, tal estudo ficou absolutamente comprometido logo na gênese da psicologia científica.

Pergunto ao dr. Alexander o porquê disso, e ele me explica à luz do que escreveu com o psicólogo norte-americano Ralph W. Hood Jr., referência mundial nas pesquisas em experiências místicas.

Por volta de 1900, os pesquisadores da área da mente adotaram o controverso método de exclusão da transcendência em seus estudos psicológicos, endossados pelo médico suíço Théodore Flournoy. Um dos fundadores da psicologia científica, estudioso da paranormalidade e da psicologia religiosa, Flournoy proclamava que não era papel da psicologia estudar assuntos ligados à existência de Deus, deuses ou da transcendência nem entrar no doloroso conflito entre opiniões teológicas e metafísicas sem que houvesse uma experiência comprovada sobre a natureza dessas vivências. Em outras palavras, a psicologia não deveria se intrometer ali, pois mexeria num vespeiro.

O dogma da exclusão da transcendência dos estudos psicológicos se cristalizou e o assunto passou a ser considerado quase uma heresia na formação e na divulgação científica. Diversos cientistas de renome se interessaram pelo estudo da possibilidade de aspectos não materiais da consciência, mas pouco sabemos sobre isso.

Durante a pandemia, Alexander Moreira-Almeida escreveu, com o filósofo Humberto Schubert Coelho e a psiquiatra Marianna de Abreu Costa, um livro que analisa 350 referências acadêmicas de pesquisas científicas em torno da busca pela consciência feitas por grandes nomes da ciência.

No *Ciência da vida após a morte*,[70] os três pesquisadores mostraram que existem 150 anos de pesquisa científica sobre a sobrevivência da consciência para além da matéria, após a morte do corpo físico. Alguns dos principais nomes da ciência contemporânea, inclusive ganhadores de Prêmio Nobel, como o casal Pierre e Marie Curie (Nobel de Física em 1903), Henri Bergson (Nobel de Literatura em 1927), Charles Richet (Nobel de Fisiologia ou Medicina em 1913), investigaram o assunto.

Claro que a hipótese materialista é legítima, o pressuposto de que é o cérebro que origina a consciência e de que, quando morremos, tudo se acaba. Mas essa não é a única hipótese científica possível, segundo Alexander. Outra, cada vez mais pesquisada, é a de que a consciência, a mente, a alma e o espírito são componentes fundamentais do universo, além da matéria e de partículas de forças físicas. A intuição conversa com essas duas realidades.

"Isso pode e deve ser investigado, e não é sinônimo de negação da ciência ou superstição. É uma hipótese legítima a ser testada", Alexander ressalta. Nada disso seria, inclusive, sobrenatural. A teoria chamada de *naturalismo expandido* explica que podemos ter uma visão ampliada da natureza, em que ela é composta de partículas, forças físicas e também de consciência, que não seria o produto das forças físicas, mas uma força coexistente e copartícipe, com as próprias regras e modo de funcionamento específico, que precisaria ser estudado e aprofundado.

Essa ideia está presente na obra *Mind & Cosmos: Why the Materialist Neo-Darwinian Conception of Nature is Almost Certainly False* [Mente e cosmos: por que a concepção materialista neo-darwiniana da natureza é quase certamente falsa],[71] de autoria de Thomas Nagel, filósofo, professor de filosofia e direito na Universidade de Nova Iorque. Ele é conhecido pela crítica aos estudos reducionistas sobre a mente.

Alexander diz que uma linha importante de investigação atual é se existem evidências de que a consciência opera quando o cérebro não está funcionando ou quando ele para de funcionar. Análises de relatos sobre EQMs auxiliam nesse aspecto, em especial nas situações em que o cérebro parou de funcionar depois de uma parada cardíaca, por exemplo. O paciente relata que se viu fora do corpo, descreve o que aconteceu e a situação descrita se comprova verdadeira.

O psiquiatra é entrevistado assíduo no meu programa de rádio. Como contei em capítulos anteriores, conversamos num período em que um estudo do qual ele havia participado com pesquisadores da Universidade de São Paulo, da Universidade Federal de Juiz de Fora e da Universidade Federal do Rio Grande do Sul ganhou grande repercussão midiática. A pesquisa publicada pela revista *Brazilian Journal of Psychiatry* [Revista Brasileira de Psiquiatria] buscava o gene da mediunidade.[72]

O resultado revelou que os médiuns pesquisados teriam modificações em genes, que não foram encontrados em pessoas da mesma família ou com o mesmíssimo background cultural, nutritivo e religioso. "Isso significa que alguns desses genes poderiam estar ligados ao dom da mediunidade", disse o coordenador da pesquisa, Wagner Farid Gattaz, professor do Instituto de Psiquiatria do Hospital das Clínicas da Faculdade de Medicina da Universidade de São Paulo (FMUSP). Essas são pesquisas iniciais que apontam os primeiros caminhos em direção aos aspectos biológicos para a característica da sensibilidade mediúnica.[73]

A repercussão no meio acadêmico foi tanta que teve mais de 40 mil visualizações na revista onde foi publicado o artigo, o Brazilian Journal of Psychiatry. O triplo do segundo artigo mais visto na história da Revista, segundo Dr. Alexander Moreira.

A realidade é muito maior do que podemos apreender com nossos sentidos, Jung já dizia. Trago essa ideia no prefácio. Corroborando isso, o dr. Alexander lembra que temos a capacidade de ouvir apenas um espaço de frequência sonora, não ouvimos nem o infrassom nem o ultrassom. Com relação à luz, não enxergamos nem o ultra nem o infravermelho. Alguns animais, inclusive, têm uma percepção diferente da nossa, conseguindo perceber o campo magnético da Terra, por exemplo, que nós não percebemos.

O cérebro de algumas pessoas, enquanto filtro decodificador que é, poderia ter a capacidade de filtrar e captar coisas que a maioria das pessoas não consegue.

O psicólogo William James e o escritor Aldous Huxley compartilhavam da ideia de que as experiências espirituais teriam a ver com o filtro cerebral mais poroso das pessoas tidas como sensíveis ou sujeitas a fenômenos intuitivos ou mediúnicos ainda inexplicáveis. Quando ouço o dr. Alexander falar sobre isso, me identifico de imediato com o que me parece um diagnóstico pessoal.

Alguns meses depois de minha entrevista com Dr. Alexander, o cientista brasileiro Stevens Rehen, internacionalmente reconhecido por seu trabalho, compartilhou em suas redes sociais as correspondências entre o escritor Aldous Huxley e o psiquiatra Humphry Osmond. Foram 275 cartas trocadas entre os dois ao longo de uma década, compiladas no livro *Psychedelic Prophets: The Letters of Aldous Huxley and Humphry Osmond* [Profetas psicodélicos: as cartas de Aldous Huxley e Humphry Osmond].[74]

Em complemento ao que Dr. Alexander contava para mim, Rehen lembra que Aldous Huxley, em conversa com Osmond, discute a hipótese de que o cérebro atue como um "dispositivo utilitário para limitar e fazer seleções do enorme mundo possível da consciência", referindo-se ao modelo proposto por Henri Bergson. "Uma colaboração que influenciou profundamente a compreensão científica e cultural dos psicodélicos", diz Rehen em suas redes.[75]

Para Alexander Moreira-Almeida, "todos nós temos a dimensão transcendente em nós. O ser humano tem uma espiritualidade inata e vivencia isso naturalmente. O problema está na nossa cultura ocidental desde o século XX". O psiquiatra também cita o historiador Peter Harrison, hoje pesquisador na Universidade de Notre Dame, professor emérito de história e filosofia na Universidade de Queensland, na Austrália, e autor do livro *Some New World: Myths of Supernatural*

Belief in a Secular Age [Um novo mundo: mitos da crença sobrenatural em uma era secular],[76] publicado pela Cambridge University Press.

Segundo Harrison, nunca houve na história da humanidade o fenômeno que acontece desde o século XX: a ideia de que a vida não tem propósito e tudo se resume ao que é material. "Isso é uma anomalia da humanidade. Nós nascemos com espiritualidade, mas aprendemos, na escola, na universidade e pelos canais culturais, como a mídia, que, para sermos intelectualmente respeitados, devemos recalcar o que é nossa vivência transcendente", Alexander avalia.

O paradigma é de que "pessoas racionais, maduras, inteligentes não podem aceitar vivências que mais parecem superstição ou imaturidade em pleno século XXI". Eu sei bem do que o dr. Alexander está falando. Em meus primeiros anos de jornalismo, foi um desafio enfrentar os olhares tortos e desconfiados para minhas linhas de interesse em religiões pelo mundo, vegetarianismo, mediunidade, medicinas complementares orientais e astrologia, por exemplo. Com sorte, como disse no Capítulo 1, tive pessoas na direção que sempre me apoiaram e incentivaram a seguir com minhas investigações e a levar informações para o público. Mesmo sendo grandes céticas, sempre foram extremamente respeitosas comigo.

Mas nem todos têm essa sorte. O preconceito cultural acaba gerando uma cisão no indivíduo, que não consegue integrar essas dimensões na vida diária. "Qual saída que a pessoa tem? Algumas vezes, ela reprime suas experiências, fingindo que não existem, abraçando a visão cientificista/

materialista. Outras vezes, vive dividida, com uma vida espiritual e outra intelectual, totalmente apartadas uma da outra. E uma terceira via, que também é muito ruim, é o misticismo antirracional, anticientífico, que se prolifera fortemente nas redes sociais nesse momento", o dr. Alexander argumenta.

Atualmente, consolidou-se uma falsa dicotomia entre ciência e espiritualidade. "Isso nunca foi assim na história da humanidade, Petria. Desde Pitágoras e Sócrates, pensadores e cientistas eram espiritualizados." É óbvio que os mistérios da vida e da existência guiam os cientistas mais incríveis, que fazem reverência diante da grandeza do universo e em comparação com quão pequenos somos. "Só para lhe dar uma referência atual, Francis Sellers Collins é um geneticista dos Estados Unidos que descobriu genes associados a diversas doenças e dirigiu o Projeto Genoma Humano, sendo um dos responsáveis pelo mapeamento do DNA humano em 2001. Ele é profundamente religioso e um grande médico e cientista", conclui.

Foi justamente pela falta de acolhimento intelectual diante da sensibilidade que tinha que a psiquiatra Thaissa Pandolfi mergulhou no estudo e na pesquisa sobre neurodivergências com um olhar para a espiritualidade.

Thaissa é médica com pós-graduação em psiquiatria clínica, mas foi buscar em outras áreas do conhecimento médico a especialização. Formou-se também em medicina antroposófica e passou a atuar na identificação tardia da tríade TDAH, autismo e superdotação em mulheres, condições que podem estar associadas ou não a transtornos psiquiátricos.

Durante nossa conversa, ela me explicou que a psiquiatria sempre tratou de estudar os fenômenos da intuição a partir de uma abordagem empírica, focando a objetividade diagnóstica, em patologias e na biologia dos transtornos mentais. "A intuição é um fenômeno amplamente relatado por diversos pacientes. Porém, dentro do consultório, a maioria tem medo de falar sobre isso", a médica me relata. "Eles pensam: intuição e psiquiatria? Meu médico vai me internar. É a linha tênue da loucura", ela descreve.

Thaissa Pandolfi percebe no consultório médico o preconceito que acompanha o paciente na descrição de sintomas relativos a essa sensibilidade, que, muitas vezes, chega a atrapalhar a vida da pessoa. "Tenho uma paciente que levou dez anos para compartilhar com o psicólogo a respeito das percepções que ela tinha: passar mal em certos ambientes, pensamentos intuitivos sobre coisas que ela precisa fazer, sonhos premonitórios que de fato acontecem, arrepios em relação a pessoas e a sensações de presenças inexplicáveis", relata.

Quando é que essas sensações são intuição? Quando representam uma vantagem biológica e quando representam uma psicopatologia? É possível diferenciar?

A médica é clara e categórica. A pessoa que apresenta um estado patológico perde qualidade de vida diante da condição: não consegue trabalhar, não consegue comer, dar conta dos cuidados básicos diários, precisa se isolar ou perde capacidades funcionais ou cognitivas.

É fundamental levar em consideração o contexto cultural, religioso e psicológico da pessoa, segundo a psiquiatra. O transe ou as experiências de alta sensibilidade não representam transtorno quando ocorrem dentro de um contexto estruturado e não ocasionam prejuízos funcionais para a pessoa que vive a experiência, ou seja, ela consegue voltar à consciência sem problemas. Exemplo claro disso são os rituais das religiões afro-brasileiras, em que médiuns entram em transe e não sofrem de nenhum transtorno. Esses transes cotidianos ou sagrados não constam nos manuais psiquiátricos, apenas os patológicos. "Se o profissional de saúde não conhece o repertório espiritual desses transes, se não levar em consideração o contexto cultural da pessoa, ele vai considerar como patológico", Thaissa me explica. É crucial que os especialistas façam o diagnóstico considerando o contexto cultural em que a pessoa vive. Caso contrário, a maioria das pessoas espíritas, umbandistas, católicos carismáticos e protestantes pentecostais, que tem experiências com o que chamamos de espírito santo, seriam consideradas doentes ou com algum tipo de transtorno.

Em muitas culturas, os estados de transe e possessão são componentes comuns de práticas espirituais e religiosas e não indicam transtorno mental. Em rituais xamânicos com uso de ayahuasca, há alteração de consciência por causa de uma substância contida na bebida conhecida como DMT, a N,N-dimetiltriptamina.[77] É uma substância do grupo das triptaminas, compostos químicos derivados do aminoácido triptofano, que atuam no sistema nervoso central e podem afetar a percepção, o humor e a cognição. Além de estar presente em raízes, caules e folhas de diversas plantas, também é produzida pelo nosso organismo, pela glândula pineal e está presente em alguns animais.

A DMT, que também pode ser sintetizada em laboratório e vem sendo pesquisada por universidades brasileiras como antidepressivo promissor, embora ainda não se saiba seu potencial terapêutico,[78] é naturalmente produzida pelo cérebro humano. Em ocasiões especiais como nascimento, estados de quase morte (EQM) e estados de meditação profunda, a glândula pineal liberaria essa substância segundo apontam algumas evidências ainda estudadas pela ciência. Há experiências induzidas pela DMT que se assemelham aos relatos de experiências místicas. A ciência precisa entender mais sobre essa substância, que pode trazer respostas importantes para um estado de vida mental e emocional mais equilibrado.

O fato de a ayahuasca ser uma bebida legalizada no Brasil para o uso religioso acabou facilitando seu estudo científico, conforme me contou o jornalista Marcelo Leite, autor do livro *A ciência encantada de Jurema*. Ele acompanha de perto as pesquisas que vêm sendo realizadas pela Universidade Federal do Rio Grande do Norte tanto com a ayahuasca quanto com a jurema-preta. Os resultados vêm sendo promissores no uso da substância DMT no tratamento de depressão, como ele amplamente descreve em seu livro.[79]

Um fato curioso também foi descoberto por pesquisadores da Universidade de Michigan sobre a DMT: os níveis da substância aumentam em alguns ratos que sofrem parada cardíaca. Um artigo publicado em 2018 por pesquisadores do Reino Unido alegou que a DMT simula a EQM, situação em que as pessoas relatam a sensação de transcender o corpo e entrar em outro estado de consciência.[80]

Será que pessoas altamente intuitivas teriam uma maior produção de DMT no dia a dia, já que ela é uma substância que pode ser produzida pelo nosso organismo? Segundo a psiquiatra Thaissa Pandolfi, essa é uma hipótese, a substância poderia ser um catalisador da intuição. Mas tudo isso ainda está sob estudos. É preciso lembrar que não é incomum pacientes iniciarem surtos psicóticos após o uso de ayahuasca, como ocorreu em 2010, quando um rapaz de 24 anos, após o consumo do chá do Santo Daime, assassinou o cartunista Glauco e seu filho. A substância pode ser fortemente nociva para pessoas com histórico de transtornos psicológicos graves, como a esquizofrenia.

Mas de onde vêm as informações que acessamos por meio da consciência expandida, da alta sensibilidade ou do exercício profundo da intuição? A médica me explica que, durante as experiências intuitivas ou induzidas por DMT, as informações acessadas vêm dos padrões inconscientes construídos ao longo da vida e processados pelo cérebro como memória implícita nas redes neuronais. O insight intuitivo pode ser resultado das conexões de memórias implícitas com experiências passadas dentro de nossa própria consciência. Essa explicação ainda está sob pesquisas, é controversa e carece de mais estudos e comprovações científicas.

Seria o fim das nossas especulações sobre informações que viriam de uma rede externa ou espiritual?

Recorremos ao psiquiatra Carl Jung. Pandolfi lembra que Jung propôs que, além do inconsciente individual – aquilo que não conseguimos acessar em nós mesmos –, há o inconsciente coletivo, que seria um reservatório compartilhado de símbolos, arquétipos e experiências humanas. Durante os estados alterados de consciência (naturalmente alcançados pela meditação profunda ou induzidos por DMT),[81] pessoas relatam acessar padrões universais de conhecimento.

Existe, ainda, uma linha de investigação descartada pela comunidade científica que se baseia em evidências, mas que está longe de ser meramente jogada no lixo: a hipótese dos campos morfogenéticos, criada pelo biólogo britânico Rupert Sheldrake,[82] que lecionou Ciências Naturais no Clare College na Universidade de Cambridge, onde também foi professor catedrático e diretor de estudos em Bioquímica e Biologia Celular, e bolsista na Universidade de Harvard, onde estudou Filosofia e História da Ciência; tem também um doutorado em Bioquímica pela Universidade de Cambridge. A reprovação da teoria por parte da comunidade aconteceu pela dificuldade de ser replicada em laboratório.

De acordo com seus estudos, realizados primeiramente com plantas, as informações que trocamos ou que intuímos não estão armazenadas apenas fisicamente nos cérebros, mas em campos energéticos que influenciam a estrutura e o comportamento dos organismos, segundo me explica a psiquiatra. Existiria uma memória coletiva da natureza em que padrões e informações seriam armazenados, podendo ser acessados intuitivamente. Assim, a teoria morfogenética diz que a informação pode ser acessada de uma fonte não local, não material. O cérebro seria capaz de acessar esse campo como um aparelho de rádio, e a mente conseguiria se conectar com estados expandidos de consciência.

Por meio de seus estudos, Sheldrake nos explica, entre outras coisas, que o DNA codifica a sequência dos aminoácidos que formam a proteína, mas seriam os campos mórficos que dariam a forma e a organização das células, nos tecidos, nos órgãos e nos organismos como um todo, campos esses que não seriam herdados quimicamente, mas sim determinados diretamente pela "ressonância mórfica" de organismos anteriores da mesma espécie.[83] Não para por aí. Isso aconteceria também com formigas e abelhas. Entre os muitos mistérios da natureza, encontramos a inexplicada capacidade dos cupins e de outros insetos sociais construírem estruturas complexas como os cupinzeiros, formigueiros e colmeias. Como conseguem se organizar e se comunicar em períodos tão longos? Os campos morfogenéticos seriam a fonte para os modelos estruturais que estariam presentes nas espécies, segundo o pesquisador.[84]

Para entender diversas dessas lacunas, Thaissa Pandolfi foi em busca de especializações para além da medicina tradicional. Mergulhou na medicina antroposófica, prática integrativa que trabalha com conceitos semelhantes aos dos campos mórficos. A antroposofia, que explora a espiritualidade com a ciência, foi fundada pelo filósofo e educador Rudolf Steiner, também criador da pedagogia Waldorf, da agricultura biodinâmica e da euritmia, uma arte de movimento que combina gestos, música e poesia para expressar vivências.

Para a médica, a principal aquisição com os estudos de Steiner foi a visão de que o ser humano é um organismo multidimensional composto por níveis de existência: corpo físico, corpo etérico (a parte vital), corpo astral e corpo espiritual (que é a organização do Eu, ou a consciência). Esta é a chamada quadrimembração do ser. Nesse sentido, seria possível explicar a diferença dos seres humanos para uma pedra, uma planta ou um animal. A diferença entre os organismos está na dinâmica desses corpos.

A intuição, para a antroposofia, não é apenas um processo cerebral, mas a capacidade ligada à organização do Eu, da consciência, à qual a intuição é totalmente ligada. **Steiner descreve três formas superiores de conhecimento: a imaginação (percepção de imagens e símbolos que emergem do mundo espiritual, expressão do corpo etérico), a inspiração (conhecimentos que surgem como insights espontâneos, do corpo astral ou anímico) e a intuição (a conexão direta com as realidades espirituais superiores sem necessidade de intermediários).**

Assim, a intuição é um conceito importantíssimo: um tipo de conhecimento suprassensível que ocorre quando a organização do Eu, que é a consciência, se conecta diretamente com realidades elevadas. Por isso, nossa lógica cartesiana é, digamos, pequena demais para traduzir e, quiçá, reproduzir num laboratório experiências dessa ordem.

Certa vez, visitando campos de plantação biodinâmica no Brasil, pude conhecer e conversar com uma alta executiva que veio da indústria farmacêutica convencional mas que se tornou CEO de uma conhecida e tradicional empresa de medicamentos antroposóficos com sede na Suíça. Numa rápida conversa, que eu desejava que se prolongasse por horas, Maria Claudia Villaboim Pontes explicou um pouco da visão antroposófica sobre a vida e como isso a atravessava. "Somos seres da natureza. Tudo está conectado na Terra e no cosmos", ela me disse. Contou também que, quando foi contratada pela empresa suíça, foi entrevistada por um jardineiro de lá. Ele mostrou a ela que a planta tem uma raiz que adentra o solo e é dela que retira todos os nutrientes que precisa. "E em nós, seres humanos? A nossa raiz, você sabe onde é? Em nossa cabeça; nossos neurônios, assim como as raízes, retiram informação do inconsciente coletivo. São as ideias que nos surgem, a conexão com a energia do meio que nos alimenta. Quando conseguimos fazer essa conexão com o todo, conseguimos entender as intuições e os insights que temos", explicou Maria Claudia.

Por isso que a antroposofia foi uma ferramenta importante para o estudo da psiquiatra Thaissa Pandolfi sobre pessoas com alta sensibilidade. A antroposofia foi uma ferramenta para aguçar a sua própria intuição. Foi essa maneira mais abrangente de observar e estudar o ser humano que apoiou seus estudos na psiquiatria tradicional.

Ela me relata que muitos pacientes chegam ao consultório com a sensação de estarem enlouquecendo, com sintomas de inadequação que tendem a se intensificar no momento em que começa a surgir uma necessidade de integração da personalidade. É muita intensidade, são muitos questionamentos e muita insatisfação com a vida sem ter uma explicação racional para o que está acontecendo. É um deslocamento e muitas vezes nada parece ter sentido. "Quem é muito racional começa a achar que está enlouquecendo mesmo", relata a médica. "Há pessoas que entram numa jornada completamente solitária, sem compartilhar o que sentem com outras pessoas. Vão para o 'dr. Google' pesquisar sintomas de esquizofrenia, por exemplo. É isso que passa pela cabeça das pessoas", ela me diz.

Thaissa Pandolfi me explica que muitas dessas pessoas são altamente sensíveis e tendem a ter um canal de intuição mais aprimorado, uma propensão às experiências espirituais espontâneas e a entrar com mais facilidade em estados alterados de consciência, pois é uma conexão natural. "Infelizmente, a alta sensibilidade geralmente é vista como um fardo, porque é ruim você sentir demais no nosso atual modo de vida."

A psiquiatra me explica como a alta sensibilidade é compreendida sob o prisma da medicina antroposófica. Nessa abordagem, que considera o ser humano em suas dimensões biológica, psíquica, social e espiritual, entende-se que algumas pessoas têm uma forma diferenciada de perceber e processar o mundo, incluindo percepções que vão além do sensorial. Segundo Steiner, essas pessoas podem ter uma sensibilidade ampliada, mais receptiva a níveis sutis de experiência.

Percepções suprassensoriais podem ser imperceptíveis para a maioria das pessoas, mas são decisivas na vida das pessoas altamente sensíveis. Como exemplo disso, a memória dos indivíduos é acentuada, conseguem ver padrões e incoerências no comportamento das massas, captam maior quantidade de estímulos no ambiente e, por isso, podem ter maior vulnerabilidade ao excesso de informações. Muitos dos extremamente intuitivos vão entender o que isso quer dizer. Com nossa capacidade de percepção constantemente expandida, o imenso volume de informações ao qual somos submetidos é demasiadamente agressivo, podendo gerar até confusão e nos fazendo precisar aprender cada vez mais a arte da autorregulação.

Muitas pessoas com autismo nível 1 e aquelas com superdotação já relataram para a psiquiatra experiências de intuição e percepção de sincronicidades, pois contam com o equipamento do sentir mais aguçado. Algumas dessas pessoas têm dificuldade de lidar com a vida material, pois podem ter o foco em dimensões mais abstratas da vida, o que pode se tornar muito desafiador. "Estar no corpo físico pode trazer uma sensação de prisão, pois a natureza deles é estarem expandidos. Isso gera um gasto tremendo de energia, é desafiador. Por isso muitos preferem ficar sozinhos, precisam de pausa e silêncio para a autorregulação", a médica explica.

Sabendo-se disso, há muitas possibilidades para o aumento da qualidade de vida. O equilíbrio entre a sensibilidade, a intuição e a funcionalidade na vida material se dá por meio da construção de alguns hábitos específicos que o cotidiano imerso no caos não proporciona. Independentemente de algum diagnóstico de neurodiversidade, tenho a sensação de que cada vez mais pessoas se sentem hipersensíveis ao volume de informação, poluição visual e auditiva dos nossos tempos. São muitos estímulos como nunca antes. Nesse sentido, do autoconhecimento, aprender sobre a quadrimembração do ser, de Steiner, pode nos servir como uma útil ferramenta para o autoconhecimento e a nossa autorregulação.

O corpo físico é nosso corpo material, aquele ligado à terra. O desequilíbrio nos traz uma sensação de estarmos desancorados, podemos sentir fadiga crônica, ter problemas digestivos e falta de vitalidade. Para integrar o físico aos demais corpos, é necessário harmonizá-lo com movimentos rítmicos, segundo Steiner: **nutrição adequada, sono regulado, uma rotina bem-definida e respiração com movimentos cadenciados e harmonizados são essenciais**. Se puder, releia a introdução deste livro.

Na visão antroposófica, o corpo etérico diz respeito à nossa vitalidade. É o fluxo da vida, dos nossos **ritmos biológicos**. Quando em desequilíbrio, temos dificuldade de nos recuperarmos diante de situações de trauma ou susto, ansiedade crônica, insônia. Para integrar o corpo etérico, precisamos de

contato com a natureza, pois as plantas trocam energia vital conosco, energia de vida. Práticas artísticas e terapias com cores também são muito bem-vindas.

O corpo astral é o corpo anímico, das emoções, das sensações e da percepção sensorial. Quando está desequilibrado, temos emoções instáveis, hipersensibilidade e sobrecarga sensorial, como dificuldade de suportar sons muito altos, multidões etc. Quando acontece, a pessoa paga um preço muito alto depois, sentindo dores no corpo, enxaqueca, desorientação e necessidade de ficar em absoluto silêncio para se recuperar e autorregular, podendo até entrar em crises. **Para integrar esse corpo, a meditação e a respiração consciente são ferramentas das quais não se pode prescindir.**

Em quarto lugar, vem a organização do Eu, da consciência, de nossa identidade mais elevada, onde mora a intuição e a consciência. Quando esse corpo está desconectado, temos a sensação de vazio existencial, uma desconexão com a realidade, excesso de estados alterados de consciência sem reintegração. **Nesse momento, precisamos nos alinhar com nosso propósito de vida, buscar um caminho profundo de autoconhecimento e práticas de contemplação.**

Quem é que consegue fazer isso naturalmente na correria do mundo caótico?

Para a regulação dos quatro corpos, é necessário um momento consciente de pausa para poder organizar o ritmo de nossas ações. A quantidade de informação que recebemos nos impede de cuidar do campo dos corpos. Mesmo, quando em pausa, estamos rolando a tela do celular. Isso não é parar. **"É muito importante que as pessoas façam técnicas de aterramento, pés descalços na terra, conexão direta com**

o campo eletromagnético. Técnicas de peso também são úteis, como usar cobertores pesados na hora de dormir, isso nos conecta com o corpo físico e o sono fica mais satisfatório", Thaissa complementa.

No caso da superdotação, a intuição também é fator importante. Segundo Thaissa Pandolfi, não se trata de um fenômeno de alta inteligência ou de QI elevado, mas de uma condição em que há três características exacerbadas: sensibilidade, complexidade e intensidade. "É um jeito de pensar, agir e sentir diferente da maioria das pessoas", ela me explica. A mulher superdotada e altamente sensível, com frequência, possui uma intuição muito aguçada quando seus fatores emocionais, espirituais e psicológicos estão bem estruturados. Muitos homens superdotados acabam desenvolvendo mais a parte lógica e não esse tipo de intuição, segundo a médica.

A intuição por meio do reconhecimento acelerado de padrões é clássica nessas mulheres. Não é um conhecimento místico isolado, mas uma forma altamente eficiente de processamento cerebral. São pessoas que conseguem perceber padrões invisíveis aos outros, há tomadas de decisão rápidas, com base em um processamento inconsciente, acesso espontâneo a insights e ideias inovadoras, sensação de saber antes de ter uma explicação racional, leitura emocional apurada de si e do outro, percepção de mudanças sutis na energia do ambiente, conseguindo fazer um mapeamento muito rápido. Há um verdadeiro desgaste energético para essa pessoa em uma vida cotidiana – ela pode ficar tão exausta e muitas vezes buscar a reclusão ou o isolamento até conseguir se autorregular.

Existem fatores neurocientíficos que explicam a intuição amplificada em pessoas com altas habilidades: é a maior conectividade neuronal, maior atividade no córtex pré-frontal, maior atividade no hemisfério direito do cérebro conectado à criatividade. Há algo fantástico que também pode acontecer: a sinestesia. Algumas pessoas sentem gosto das palavras, veem cores no som, possuem sentidos amplificados ou invertidos – segundo a psiquiatra.

Como lidar, perceber e descobrir como viver bem diante de tudo isso de acordo com uma médica que vive debruçada sobre essas questões com seus pacientes? Autoconhecimento, Thaissa me diz. Isso serve para todos. Mas, no caso dela, ela me responde como médica que também é uma mulher neurodivergente com alta sensibilidade. "Se você compreender e aceitar que essas são características suas, inatas, isso não é um problema. Muitas de nós, que somos muito sensíveis, tivemos que limitar ou ignorar esse lado por questão de sobrevivência. Tudo o que negamos gera um impacto muito grande", ela me explica. Quando damos nome à sensibilidade, é uma maneira de nos acalmarmos e sabermos que está tudo bem. E mais: podemos fazer um caminho único de autoaperfeiçoamento e potencialização de quem somos.

Como indivíduos, podemos nos perder na intuição e ela se tornar um grande risco para a vida psíquica quando não encontramos o caminho do equilíbrio entre a percepção intuitiva e a conexão com a realidade, podendo nos levar a distorções perceptivas, paranoias, neuroses, sobrecarga emocional e quadros psicopatológicos como delírios. Isso vira um risco para pessoas demasiadamente intuitivas.

Quem tem uma intuição exacerbada, sem controle, tem a sensação de tudo que acontece ao seu redor sem conseguir decodificar racionalmente; sente um excesso de sincronicidades e isso causa muita ansiedade. Quando há perda da realidade, as pessoas interpretam tudo como "um sinal" e, por não poder compartilhar com os outros pelo medo de serem julgadas, acabam ficando sufocadas. Quando há hiperatividade mental ou emocional, a intuição a impede de relaxar, gerando estresse, exaustão e ansiedade.

Por isso, precisamos de muito contato com a natureza e de contato com a terra – como Jung já explicava em seus tipos psicológicos. Meditações são fundamentais para a reintegração dos corpos. Thaissa Pandolfi criou um grupo para suas pacientes em que disponibiliza meditações semanais para ajudá-las a criar o ritual e o hábito de meditar, evitando uma expressão descontrolada da intuição.

A intuição e a alta sensibilidade não podem ser diagnosticadas e classificadas apenas como transtornos ou distúrbios. Isso é reducionista e prejudica demais a pessoa. Dessa forma, como fazer da intuição algo positivo, que não traga sofrimento pela confusão que pode acabar gerando? Como potencializá-la? Em primeiro lugar, precisamos de especialistas que nos ajudem a identificá-la; depois, precisamos estruturar, regular e aterrissar todo esse potencial na realidade material.

A psiquiatra me apresenta alguns passos para criar uma intuição saudável. A começar pela escrita: a pessoa pode criar um diário de intuições, onde possa fazer a escrita intuitiva. Um lugar para organizarmos os pensamentos e drenar da mente o excesso de informações. Quando registramos nossas percepções intuitivas podemos, no futuro, entender o que de fato aconteceu e conseguimos diferenciar a intuição real da imaginação e da ansiedade.

O segundo passo é filtrar os insights: nem toda intuição é um sinal de verdade. Fazer o exercício de se perguntar: isso é real ou é um medo projetado? Isso me traz clareza ou gera confusão e ansiedade? **Desenvolver o discernimento crítico é fundamental, pois, segundo a psiquiatra, a intuição funciona muito melhor quando equilibrada com a lógica e a análise. É muito importante para as pessoas sensíveis treinarem o momento em que a intuição vai acontecer, seja pela manhã, num momento contemplativo, seja à noite, numa meditação e contemplação do silêncio.** Isso é essencial para que ela não aconteça de forma aleatória e sem limites, a qualquer hora do dia. É um treino para sermos senhores e senhoras de nossas intuições. Mais uma vez, a médica ressalta a necessidade da prática de caminhar descalço na terra e da respiração consciente.

Equilibrar a intuição e a realidade material é fundamental. Essa é a chave para um viver intuitivo saudável: nunca se esquecer de que a vida é vivida no corpo e com os pés no chão, não nas ideias.

Por outro lado, também é necessário abraçar os momentos de desequilíbrio que vivemos e tanto tememos. A psiquiatra me explica que há um conceito chamado *teoria da desintegração positiva*. É uma ideia de que a tensão psicológica e a ansiedade são necessárias para o nosso crescimento pessoal. Essa teoria foi proposta pelo psicólogo polonês Kazimierz Dąbrowski e fala sobre momentos em que precisamos fazer uma revisão de tudo o que vivemos, uma análise de sentido e propósito. De tempos em tempos, é natural que haja uma desconstrução profunda em nossa vida, algo que pode trazer incômodos, sensações de depressão ou falta de sentido. Embora seja bastante incômodo passar por esses momentos, é aí quando acontecem viradas de chave e a desintegração é positiva, mesmo que a travessia seja dura. Sabemos que precisamos mudar de rumo, mas ainda não enxergamos com clareza os desdobramentos do nosso processo. O suporte faz toda a diferença nesses períodos. Sentir-se acolhido, saber que não é loucura, mas uma fase necessária para o processo de amadurecimento, é fundamental para colhermos os frutos. Isso vale tanto para neurodivergentes quanto neurotípicos.

É um momento em que a intuição também fica aguçada. Muitas pessoas escrevem livros depois desse processo, mudam de profissão, terminam relacionamentos. Elas percebem que crenças, valores e propósito não estão alinhados. Crianças sensíveis podem vivenciar essa experiência logo com idade entre 7 e 9 anos, no primeiro salto de individualidade, pois começam a perceber que existem como um indivíduo separado dos pais; pode surgir uma sensação de solidão e inadequação. Crianças neurodivergentes e com autismo podem vivenciar isso de forma ainda mais intensa – terão um sentimento precoce de não pertencimento e uma busca por um sentido no mundo.

Se pensarmos nos setênios, descritos pela medicina antroposófica, podemos fazer uma fusão de teorias. A primeira crise de propósito acontece entre os 28 e 30 anos, segundo a psiquiatra. Dos 35 aos 37 anos, a segunda crise de propósito surge com a necessidade de realinhamento da vida interna com a externa, e é quando algumas pessoas começam a mudar radicalmente seus objetivos; também há a urgência de compartilhar os conhecimentos adquiridos. Alguns indivíduos passam por crises de burnout severas, segundo a psiquiatra. Nesse momento, a espiritualidade pode despertar de forma intensa, há mudança de rotina e caminhos da vida.

Dos 42 aos 44 anos, no setênio seguinte, há a oportunidade de chegar a uma nova desintegração positiva, concluindo boa parte do processo. É uma fase chamada de "morte do ego". A pessoa pode perceber que não precisa agradar ao mundo, começa a se reconstruir com mais autenticidade. Há um grande alívio, pois a opinião externa passa a ter menos importância, segundo Thaissa Pandolfi.

Ter profissionais qualificados e, principalmente, sensíveis a esses conteúdos pode fazer a diferença. É um ajuste de olhar necessário aos nossos tempos. Seja intuição, espiritualidade, seja alta sensibilidade, é fundamental que ampliemos nosso olhar para além das abordagens puramente patologizantes ou reducionistas. Isso não significa negar os desafios enfrentados quando temos nossos incômodos mentais e emocionais. É necessário que se reconheça que, em muitos casos, aquilo que causa desconforto também pode carregar um potencial único. Por sorte, vivemos uma época em que a ciência, cada vez mais sensível e interligada com outras formas de saber, nos convida a escutar com mais profundidade as múltiplas camadas da experiência humana.

Precisamos de ciência aliada à intuição.

Termino este capítulo com uma reflexão trazida pelo psiquiatra Alexander Moreira-Almeida durante nossa conversa. Ele me falava sobre como ajustar o olhar para a vida e como pode se dar nossa interpretação da realidade. Pegue como exemplo o lindo quadro de Van Gogh, *A Noite Estrelada*. Imagine agora um químico querendo provar que esse negócio de arte não existe. Ele vai dizer: "esse quadro nada mais é do que um amontoado de pigmentos feitos da substância x ou y, misturados e jorrados nessa tela, que possui determinado material e que produz esse determinado efeito. Esse quadro de Van Gogh que você vê nada mais é do que isso". Obviamente esse químico está vendo apenas uma parte da realidade; um pedaço bem pequeno e restrito da verdade. Fazendo esse recorte, ele está completamente cego para outras dimensões do que aconteceu naquela tela, da mesma forma que um microbiologista pode querer analisar a profundidade da psicanálise ou da espiritualidade e prestar um grande desserviço para a ciência e para a sociedade. Precisamos de ciência e precisamos de sensibilidade; humanidade.

Que a intuição e a lucidez inteligente nos guiem para melhores caminhos nos próximos anos. Elas irão.

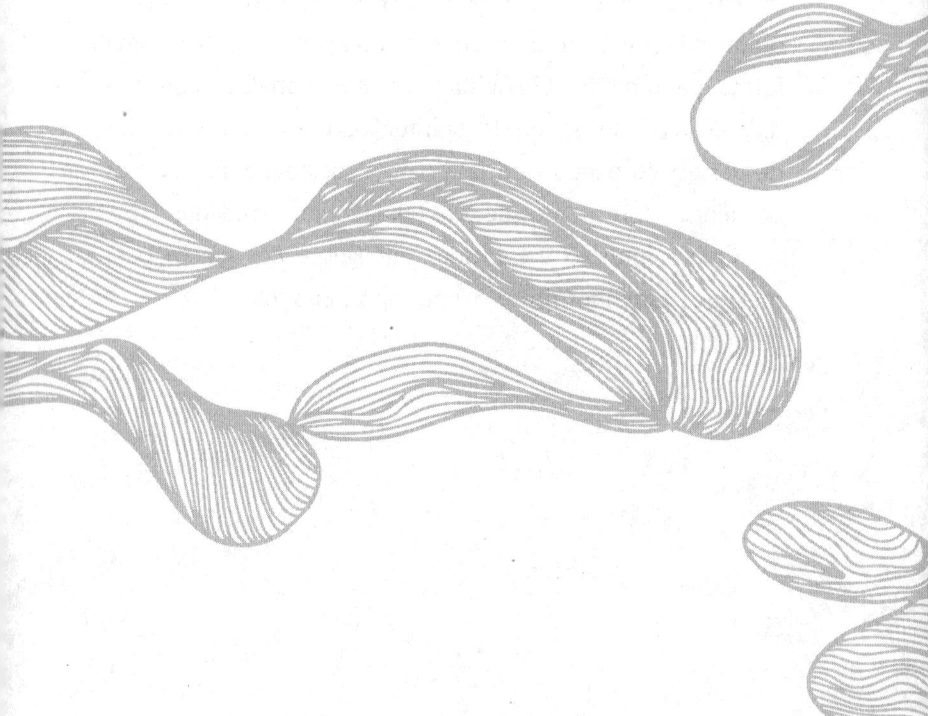

PARTE II

Intuição acontecendo na vida cotidiana

CAPÍTULO 8

Uma arte de viver

"É completamente errado entender a inteligência como pensamento. O pensamento é apenas uma pequena expressão da inteligência. Isso é uma loucura que as sociedades modernas criaram. Se pensamento é a única forma de inteligência, você naturalmente entenderá que acúmulo de dados, análise de dados e projeção de dados são inteligência. Esse é um processo que qualquer máquina pode fazer. Isso você só está começando a entender agora."

SADHGURU[85]

Não é incomum pessoas intuitivas relatarem que se achavam, de alguma forma, muito diferentes dos outros na juventude, conectadas a interesses diversos dos interesses daqueles que lhes rodeavam.

Quando tinha 15 anos, Ana Beatriz Pignataro começou a se interessar por filosofia e autores como Confúcio e Platão, por livros como o Bhagavad Gita e por estudos que vinham do Egito. Ela passou a estudá-los após conhecer, na escola, dois jovens que lhe convidaram para conhecer o grupo de estudos dos pais em Natal, Rio Grande do Norte. Todos eles eram "jovens muito diferentes".

Ana mergulhou nos livros. Por volta dos 18 anos, passou a dar aulas sobre os textos que estudava. Quando o grupo, que já tinha se tornado uma escola grande, decidiu abrir uma filial em Recife, ela se candidatou à vaga de professora. Em paralelo, prestou vestibular para cursar Engenharia de Produção.

Intuição é um conceito muito importante para ela. Ana me diz que, além de importante, a intuição é um conceito difícil de conseguirmos aplicar em nossos dias. "Normalmente, temos algumas chispas de intuição, mas não é a intuição verdadeira."

A intuição, segundo a explicação dela, seria a percepção das leis da vida, das leis da natureza. Uma percepção que não é mental, é superior à mente. Quando afirmamos ter a intuição de que alguém vai nos ligar ou de que algo vai acontecer conosco, isso se trata de uma percepção, mas não da intuição de fato.

A intuição é a clareza sobre as leis que estão por trás dos acontecimentos; a sabedoria da causa, e não esses "efeitozinhos do dia a dia", segundo ela.

Entender a causa maior é o que acontece com cientistas que se conectam às leis que dizem respeito ao funcionamento do Universo e as captam, por exemplo. É um grau elevado de sabedoria. Ana se lembra das descobertas que Albert Einstein fez quando teorizou sobre a relatividade. Ele viu e entendeu o que era a relatividade, mas não foi pela dedução lógica e mental que ele chegou à compreensão.

Einstein simplesmente soube, decodificou. Tanto que se passaram anos da descoberta para que ele pudesse elaborar a matemática que justificaria as coisas que ele tinha entendido. "Ele captou realidades, captou leis da natureza", Ana me explica.

Lembro que foi algo semelhante ao que aconteceu com o químico alemão August Kekulé e a fórmula do benzeno, mencionado no Capítulo 4. Segundo Ana, isso é a intuição em sua verdadeira aplicação. No campo das artes, Mozart dizia que via as sinfonias e que seu trabalho era decifrar como tocar aquela visão, Ana me explica. "Intuição é isso: uma visão, uma sabedoria de uma realidade maior."

Cada indivíduo que tiver a percepção dessa sabedoria vai traduzi-la de acordo com o que está mais familiarizado. Newton teve uma experiência dessa natureza e a traduziu como a lei da gravidade. Mozart, quando entrou em contato com as mesmas ideias, as traduziu em sinfonia. Acadêmicos como Henri Bergson criaram filosofias inovadoras. São tradutores das leis da vida, basicamente.

"Gosto da forma como Platão expõe o assunto. Existem as ideias perfeitas. Toda a natureza é formada por ideias perfeitas. Não é o ser humano que pensa e forma as ideias. Elas passaram a existir primeiro e formam o Universo. Tudo tem um modelo perfeito por trás. A bondade é uma ideia, o amor, a justiça, a fraternidade. Tudo o que 'aqui embaixo' procuramos alcançar, existe como uma ideia perfeita em cima. Não é o ser humano que as cria. São elas que criam tudo, inclusive, o ser humano", Ana detalha.

Preciso, neste momento, me ater mais ao conceito de "ideia". Platão dizia que ideias são entes que existem. Porém, quando se manifestam no nosso mundo sensível, sempre o fazem de maneira imperfeita. Por exemplo, o ser humano perfeito não existe porque a ideia dele nunca se manifesta em plenitude. Quanto mais buscamos avançar em direção à ideia de perfeição, mais estaremos caminhando rumo à evolução; o retorno às ideias perfeitas. A intuição existiria como caminho da razão para trilharmos essa ponte entre nós e as ideias.

A bondade existe no mundo, mas não em sua plenitude. Aquilo que se distancia da bondade nós chamamos de mal. "Mas não é que o mal exista; o que existe é a distância do arquétipo ou da ideia da bondade", diz a filósofa. Todas essas ideias perfeitas existem projetadas em nossa realidade, mas em graus diferentes de manifestação. Porém, há períodos, como os atuais, em que nos afastamos muito dessas ideias perfeitas. É quando começamos a confundi-las, segundo Ana Beatriz.

"Confundo bondade com o que é conveniente para mim; confundo justiça com vingança, amor com paixões, com carências ou interesses pessoais." Vamos perdendo as visões nítidas das ideias essenciais. Paradoxalmente, neste momento em que vivemos, temos certeza de sermos os arautos da verdade e proclamamos aos quatro ventos nossas grandes verdades em redes sociais.

A intuição seria, portanto, a conexão necessária para termos mais clareza sobre o que guia a nossa existência rumo a uma versão mais plena e perfeita, no que essa palavra tem de essencial, como costuma sempre lembrar o filósofo Mario Sergio Cortella, "feito por inteiro".[86] Nesses termos, a intuição genuína se aproximaria de um treino de ética, eu ouso dizer.

Para reavivar nossa sabedoria, há culturas e tradições ancestrais que podemos revisitar; elas utilizavam símbolos para ajudá-las no processo pedagógico de treinar a conexão do nosso intelecto com a essência das ideias. "Como saímos da linguagem simbólica e vivemos a hegemonia da linguagem racional, ficamos empobrecidos de repertório e perdemos o contato com ideias profundas. É como se a opinião de cada um sobre cada coisa fosse mais importante. Claro que não deve ser assim.

Saio de Platão e desejo entender com mais profundidade a linguagem simbólica usada por sociedades há tempos ancestrais.

Segundo a professora Lia Diskin, autora do livro *Joseph Campbell, na trilha do entusiasmo*, sobre a obra do mitólogo e pesquisador, "a maneira pela qual as mitologias realizam sua magia é através dos símbolos". O símbolo funciona como um "botão automático que libera e canaliza energia".[87]

Uma logomarca não pode ser considerada um símbolo, pois conecta uma marca a um objeto, como a Apple, que liga uma maçã a um celular, ou a um computador, por exemplo. Estão no mesmo plano físico, é um signo que liga a uma coisa, um objeto, algo que se pode consumir.

O símbolo liga um plano a outro, ele conecta o mundo sensível a ideias que estão num plano superior da consciência. "Por isso que esses símbolos desenvolvem a linguagem da intuição; é como uma ponte entre dois mundos", Ana detalha.

Na Índia, por exemplo, temos a flor de lótus, que mantém a integridade, sai da lama, vai subindo à superfície sem se deixar contaminar e se abre totalmente limpa em direção ao sol. Ela era utilizada como símbolo da pureza, um arquétipo.

Poderíamos ficar horas falando sobre a vida com pureza, mas um símbolo sintetiza tudo de forma muito mais direta.

Há alfabetos inteiramente feitos de símbolos. "Imagine a profundidade de uma civilização que utilizava como alfabeto o universo simbólico. Os hieróglifos egípcios eram assim", a filósofa comenta. O hebraico e o sânscrito também. Qual é a diferença dessas sociedades para a nossa atual? Elas consideravam a existência e a importância da alma humana. E não só isso: buscavam o diálogo com ela, Ana ressalta.

Hoje, desconsideramos completamente a existência da alma. Se pensarmos na medicina, e até mesmo na psicologia, a parte espiritual do ser humano não é contabilizada. É como se isso não fizesse parte dos conhecimentos aplicáveis. O campo da religião fica de um lado, e a ciência, do outro. As civilizações antigas tinham o ser humano de forma mais integral; até mesmo em seus alfabetos. A saúde era o equilíbrio entre três esferas: o espírito, a psique (alma) e o corpo humano. Ao considerarmos o ser como uma alma que tem um corpo, nossa perspectiva sobre a existência e nossas relações muda. Quando uma civilização entende a vida dessa forma, ela quer dialogar com a alma, não apenas com a mente. Nossa linguagem atual é desenhada para o diálogo racional; que é importante, mas não é único.

Quando levamos a alma em consideração dessa forma, entendemos que a vida não serve apenas para construir coisas, edificar para fora. O ser vive para fazer florescer a si mesmo, para manifestar sua parte espiritual. Assim, precisamos também de uma linguagem adequada para conversar com a alma; e de alma para alma.

No livro *A energia psíquica*, nas obras completas de Carl Jung, o psiquiatra explica que:

> [...] a máquina psicológica que transforma energia é o símbolo. Refiro-me a um símbolo verdadeiro e não a um sinal. [...] O primeiro produto que o homem primitivo conquista através da formação análoga da energia instintiva é a magia. Uma cerimônia é mágica quando não é realizada com finalidade de fazer um trabalho efetivo, mas fica retida na expectativa. [...] Não é em vão que chamamos a magia de mãe da ciência. Até a Alta Idade Média, o que chamamos hoje de ciências naturais não era nada mais do que magia. A alquimia é uma perfeita ilustração do que acabamos de dizer. Seu simbolismo mostra com a maior clareza possível o processo de transformação de energia. [...] Foi só através da evolução da magia em ciência, quando um mero estágio de expectativa progrediu para o trabalho técnico verdadeiro no objeto, que se atingiu o domínio da natureza. [...] Temos, pois, as melhores razões para valorizar a formação do símbolo e prestar homenagem a ele como um meio inestimável que nos possibilita utilizar o curso natural-instintivo do processo energético para a realização efetiva de um trabalho.[88]

O símbolo é a potência de realização humana percebida por nossa psique em forma de imagens e objetos. Cada símbolo contém várias chaves de interpretação. Temos mais exemplos deles, como o escaravelho, associado no Egito Antigo ao renascimento.[89] Existe algo de misterioso nos símbolos, pois é uma linguagem que nossa alma reconhece. Não é português, espanhol, inglês. Traz uma percepção que prescinde da razão.

Mostre um símbolo para uma IA e não significará nada. A ferramenta somente o decodificará se lhe dermos o comando para que busque a informação intelectual sobre o símbolo.

Viver apenas na esfera intelectual é viver deficiente. É isso o que todas as civilizações antigas nos ensinam. Não é possível convencer alguém de que a alma existe, é preciso que haja essa percepção dentro da pessoa. Trata-se de uma experiência. Como estamos tão voltados para construções materiais, para o fazer, e não para o lapidar do ser, temos cada vez mais dificuldade de perceber essa esfera do existir.

Carl Jung fala sobre isso naquela entrevista concedida à BBC que menciono em minha conversa com a professora Denise Ramos. Quando o entrevistador pergunta se o psiquiatra acredita em Deus, ele afirma não acreditar, "Eu sei", ele responde. Isso quer dizer que Deus não é uma questão intelectual, é uma questão de experiência.[90]

O mesmo acontece com a intuição, com a alma e a experiência do espírito.

Em nossos dias, a filósofa Ana Beatriz acredita que a intuição se faz mais importante do que nunca. O desenvolvimento da razão foi e é fundamental para a civilização, mas é apenas uma das ferramentas para compreendermos a vida. Como demos um foco muito grande ao intelecto, atrofiamos aquele saber que pula etapas e vai direto para o sentido das coisas. "Viver somente através da linguagem racional sempre fará com que falte alguma coisa. Uma vida mais profunda, o contato com os mistérios que moram no ser humano e na natureza só vai se dar por meio da razão aliada à intuição. A linguagem racional sozinha não dá conta de traduzir esse universo", ela explica.

A mente é maravilhosa para entender o mundo sensível; ela trabalha com comparações e exclusões. Entende a vida dessa forma. Não à toa vivemos esse cotidiano com julgamentos, cancelamentos, tribunais virtuais e a atual falta de compreensão sobre os paradoxos que implicam a vida. No mundo dos algoritmos, tudo é preto ou branco, verdade ou mentira, não há espaço para as nuances humanas. Empobrecidos no discurso, na linguagem e nas atitudes, vemos as consequências nefastas de um modelo mental estritamente intelectual catalisado pelos algoritmos.

Como nossa civilização pode alcançar conceitos como *o mistério que está em todas as coisas*?

Para isso, precisamos de algo além da mente. Precisamos da intuição. As duas se complementam e devem caminhar juntas. Segundo a filósofa, todos nascem com a intuição de que a vida é mais do que nascer, crescer, reproduzir e morrer. Por isso que, muitas vezes, existe a angústia: um aviso da intuição de que algo de fato nos falta. Porém, como nunca aprendemos muito bem onde buscar isso que falta, procuramos fora de nós; o que tenho que fazer para preencher essa falta? É um curso? Um trabalho? Uma casa? Uma viagem? Pessoas à minha volta?

"O que está faltando na vida somos nós mesmos", Ana Beatriz afirma.

Dessa forma, entendo que podemos usar a intuição olhando para o que seria o arquétipo da ideia de nós melhorada. Fazer um treino de vida para intuir: "Qual seria a projeção de um eu mais lapidado?". De acordo com Ana Beatriz, vivemos buscando expressar para fora uma série de máscaras, condicionamentos sociais e aparências que nos foram ensinados desde a infância. Quem somos de fato no meio disso?

Aprender a vivenciar o Ser é a resposta. Intua seus caminhos.

CAPÍTULO 9

Quando é intuição ou piração da minha cabeça?

"Nós nos deleitamos com tudo o que compreendemos por meio do terceiro gênero do conhecimento (intuição), com uma alegria que vem, certamente, acompanhada da ideia de Deus como sua causa."

BARUCH SPINOZA[91]

Tudo pode parecer muito bonito e poético quando falamos sobre intuição. Porém, por não atender a uma lógica exata, pode ser passível de engano, manipulação e justificativa para atitudes equivocadas.

Para Baruch Spinoza, em seu livro Ética, o conhecimento obtido pela intuição é o tipo de conhecimento mais poderoso e desejável. Portanto, superior à razão. Consequentemente, ele sustenta que a maior virtude da mente consiste em compreender as coisas por meio da ciência intuitiva.[92] No livro que foi publicado postumamente em 1677, o filósofo definiu três gêneros de conhecimento. O primeiro, mais rudimentar, é a imaginação. O segundo é a razão. O terceiro gênero é a intuição: "[...] quão forte é o conhecimento das coisas singulares que chamei de intuitivo ou de terceiro gênero e o quanto ele é superior ao conhecimento universal, que eu disse ser do segundo gênero (intelecto)".[93]

Diante disso, o que me intriga é aprender a saber se o que estamos usando é a intuição ou uma manipulação da nossa mente para justificar um palpite ou o que eu gostaria que fosse verdade. Como não cair no erro de chamar de intuição o que pode ser apenas a confirmação de meus preconceitos ou desejos?

Eduardo Carmello vem estudando o tema há tempos. Em 2000, lançou o livro *O poder da informação intuitiva*. De lá para cá, tem aprofundado o olhar a respeito da intuição como ferramenta para descobrirmos nossa singularidade, nosso papel único no mundo. Antes de atender grandes executivos e corporações e de se tornar um palestrante com reconhecimento internacional, Carmello passou por uma escola e tanto. Ele foi um menestrel.

Na Idade Média, os menestréis eram artistas profissionais, cantores e poetas que se apresentavam para o povo ou eram vinculados a uma corte. No Brasil, o cantor e compositor Oswaldo Montenegro repaginou a ideia e criou a Oficina dos Menestréis, que forma artistas de uma maneira muito peculiar e profunda. Em 1991, Eduardo foi escalado para participar do elenco da peça *Noturno*, um espetáculo belíssimo, cujas músicas eu mesma sei de cor, pois na minha infância ouvíamos muito as composições de Oswaldo Montenegro em casa.

Faço um parêntesis. Me espanta que Eduardo me conte sobre essa passagem de sua vida logo no começo de nossa conversa. Não apenas pela coincidência de eu ter crescido ao som de Oswaldo Montenegro. Até aí, Oswaldo é um artista aclamado em todo o país. Mas o que me chamou a atenção foi o fato de o meu entrevistado citar, especificamente, a música "Noturno (Criaturas da Noite)".

Essa música não fez apenas parte da minha infância, foi a música que durante um bom tempo me fez companhia nos momentos de silêncio e criatividade, de descoberta da arte, quando eu tinha por volta de 9 ou 10 anos. Eu a ouvia repetidas vezes, ainda na época das fitas cassetes. Hoje, quando a ouço, quase não consigo cantá-la pela emoção que me invade o peito e a garganta. É um arrebatamento.

Pois é assim que começa a minha conversa com Eduardo Carmello. Será que isso entraria na cota das sincronicidades? Enquanto eu, pequena, ouvia aquela obra belíssima, meu entrevistado estava no palco encenando a peça que nomeia a música.

Conexões da vida.

Realizo em mim algo que a intuição faz: quando afinamos nosso corpo e nosso intelecto, identificamos com mais rapidez as conversas que precisamos ter, as pessoas que vão nos abrir portas, os caminhos que devemos seguir para chegar aonde queremos. Quando surgem espantos assim, eles me servem para comprovar que estamos em conexão. É algo sutil, mas muito certeiro. Não é uma questão de adivinhação, nem de jogar na loteria e ganhar. Não estamos falando de pensamento mágico, mas de desenrolar um tecido onde a vida acontece; ele flui, faz suas ondas, nos embala de maneira suave e nos promove encontros com situações e pessoas. É o palco da vida.

Qual o sentido maior de tudo isso? Não posso apontar com precisão, mas posso dizer, pelo menos, que o caminho da intuição nos ajuda a chegar a certos destinos com mais beleza, mais poesia.

Seguimos a conversa. O pesquisador me conta como era a formação dos artistas menestréis naquela época. Num período de abril a novembro, os treinos aconteciam todos os dias. O intuito era aguçar os sentidos. Edu tomava banho no escuro. Havia um treino que consistia em conversar com uma pessoa e descobrir quantos botões a camisa dela tinha sem olhar diretamente. Ele passou a perceber cheiros de maneira muito mais intensa do que antes, chegou a viver a experiência de andar com olhos vendados no metrô, como se tivesse perdido a visão, para treinar os outros sentidos. "A intuição me trazia um nível de confiança que eu acho que nunca tive na vida", ele me diz.

Pergunto: para que tudo isso? Para que servia todo esse treino? Edu me responde que o intuito era fazer um espetáculo fora do comum. Algo que tocasse as pessoas de tal maneira que fosse arrebatador. "É um fenômeno que existe até hoje. São 25 anos de *Noturno*", ele me conta.

Hoje, após tantas vivências profundas, ele sabe que, quando encontramos nossa singularidade, nossa potência, nosso motor de desenvolvimento, adquirimos um gosto pela excelência. Passamos o tempo inteiro a desejar expandir as próprias bordas para algo além do comum dentro da nossa vida diária e comezinha. Podemos ser extraordinários no simples, podemos ser excelentes na vida simples do dia a dia: é uma questão de atenção e presença. Aí entra o desejo da intuição. Quando ganhamos confiança em nosso próprio corpo, na percepção, o treino da intuição se torna uma baita ferramenta para nos transformarmos em desbravadores da vida. Segundo Eduardo, "a intuição não é um fator moral, é uma capacidade de percepção expandida. É um meio de conhecimento que se adquire de dentro".

Mas e quando estamos errados? Como saber se o que sentimos é intuição ou somente um viés de confirmação para algo que desejamos muito que seja verdade?

O filósofo descreve nossos três graus de conhecimento e como podemos, à medida que subimos degraus de nossa compreensão, alcançar a perfeição. Ele explica que, num primeiro grau de conhecimento, temos uma limitação na apreensão das imagens que formamos, das coisas que aprendemos do externo, daquilo que nos afeta. Ele vai chamar o que nos atinge primariamente de "imaginação". Diz o filósofo:

> [...] o corpo humano, por ser limitado, é capaz de formar em si próprio, distinta e simultaneamente, apenas um número preciso de imagens. Se esse número é ultrapassado, tais imagens começam a se confundir. Se é largamente ultrapassado, todas as imagens se confundirão inteiramente entre si. Sendo assim, é evidente que a mente humana poderá imaginar, distinta e simultaneamente, tantos corpos quantas são as imagens que podem ser simultaneamente formadas no seu próprio corpo.[94]

Assim, o primeiro degrau de conhecimento é aquilo que nos afeta num primeiro momento da vida e que forma nossos primeiros conhecimentos sobre as coisas, quando desconhecemos as razões. Como exemplo, ao comer uma fruta, sentimos o gosto e pronto: já temos uma ideia formada daquilo que vai compor nossa memória para julgar qual é o gosto da laranja todas as vezes que o sentirmos novamente.

> [...] conclui-se claramente que percebemos muitas coisas e formamos noções universais: 1. a partir de coisas singulares que os sentidos representam mutilada, confusamente e sem a ordem própria do intelecto. Por isso, passei a chamar essas percepções de conhecimento originado da experiência errática. 2. a partir de signos; por exemplo, por ter ouvido ou lido certas palavras, nós nos recordamos das coisas e delas formamos ideias semelhantes àquelas por meio das quais imaginamos as coisas. Vou me referir, posteriormente, a esses dois modos de considerar as coisas como conhecimento de primeiro gênero, opinião ou imaginação.[95]

Nesse nível primário de conhecimento, somos passivos. Imaginamos, mas somos incapazes de entender as causas. Simplificando bastante a ideia exposta no texto, é quando passamos a questionar, a comparar nossos corpos com os outros, perceber o que temos em comum pelo uso da razão, não apenas pelo que sentimos ou deduzimos, que subimos um degrau e atingimos o segundo gênero de conhecimento: "a este modo me referirei como razão e conhecimento de segundo gênero. [...] Quem com efeito sabe distinguir entre o verdadeiro e o falso é porque deve conhecer o verdadeiro e o falso pelo segundo e terceiro grau de conhecimento".[96]

Ao falar sobre a razão, saímos da superstição, da crença e das noções gerais das coisas. Chegamos ao pensamento racional que organiza, se autodetermina. "É o conhecimento das relações que me compõem e das relações que compõem outras coisas", segundo o filósofo Gilles Deleuze em seu *Cursos sobre Spinoza*.[97] Com a razão de Spinoza, dominamos a natureza e não ficamos apenas subjugados aos perigos que encontramos fora de nós. Fazemos perguntas.[98]

A noção de afeto é muito importante em Spinoza. À medida que compreendemos o mundo, nossa perfeição aumenta e nos alegramos com aquilo que nos afeta positivamente. Os maus encontros diminuem nossa potência, assim como nossa perfeição. O afeto seria essa passagem de estados de maior ou menor plenitude.

Ele diz que:

> [...] quando a mente concebe a si própria e à sua potência de agir, ela se alegra. E a mente necessariamente considera a si própria quando concebe uma ideia verdadeira, ou seja, uma ideia adequada. Ora, a mente concebe algumas ideias adequadas. Logo, ela se alegra também à medida que concebe ideias adequadas, isto é, à medida que age. Em segundo lugar, a mente, quer enquanto tem ideias claras e distintas, quer enquanto tem ideias confusas, esforça-se por perseverar em seu ser. Ora, por esforço entendemos o desejo. Logo, o desejo está a nós relacionado também à medida que compreendemos, ou seja, à medida que agimos.[99]

Pensemos, por exemplo, nos estímulos que nos afetam, seja com comida, seja com redes sociais ou compras. Oscilamos o tempo inteiro entre alegrias e tristezas e acabamos suscetíveis ao que nos alegra e entristece a todo instante. Até aqui, embora racionais, ainda estamos sujeitos às ondas das paixões.

Para Spinoza:

> [...] todos os afetos estão relacionados ao desejo, à alegria ou à tristeza. Por tristeza compreendemos o que diminui ou refreia nossa potência de pensar. À medida que a mente se entristece, sua potência de pensar é diminuída ou refreada. A alegria é a passagem do homem de uma perfeição menor para uma maior. A tristeza é a passagem do homem de uma perfeição maior para uma menor.[100]

Cientes de que, mesmo racionais, ainda estamos sujeitos às oscilações de nossas paixões, do nosso ego, dos nossos desejos, chegamos à intuição: o terceiro passo para a liberdade, segundo Spinoza. Para chegar a ela, necessariamente, precisamos ter superado a imaginação e sermos guiados pela razão.

Nas palavras de Spinoza: "O esforço ou o desejo de conhecer as coisas por meio deste terceiro gênero de conhecimento [intuição] não pode vir do primeiro, mas, sim, do segundo gênero de conhecimento [intelecto]".[101]

Estudar a ciência intuitiva de Spinoza nos ajuda muito a entender a quantidade de crenças e "achismos" que mantemos na vida cotidiana, de acordo com Eduardo Carmello, voraz estudioso do filósofo. Intuição não trata de nada daquilo que temos como palpite, superstição, pensamento mágico ou viés de confirmação.

A intuição, para Spinoza, se expressa na capacidade de experimentar a eternidade nas coisas. Percebemos conexões, experimentamos algo que está fora do tempo, a essência da potência em nós. Deixamos o campo das superstições. É um conhecimento profundo que traz a percepção de que somos parte da potência divina que se manifesta criando o mundo, criando teias, conexões.

"Se você entendeu quem você é, o quanto você é diferencial no mundo, você tem amor pelo conhecimento e não vê mais barreiras, você se expande. É nesse momento que passamos a fazer experimentações com a vida e a intuição vai nos guiando por aqui e por ali", me explica Eduardo Carmello. Esse é o caminho intuitivo, maior que o de uma percepção ou de um palpite.

Os autores do portal independente *Razão Inadequada*, Rafael Lauro e Rafael Trindade, destacam uma linda definição sobre a intuição de Spinoza que desejo frisar:

> Atingido o terceiro gênero de conhecimento [intuição], o grau de perfeição em nós aumenta a tal ponto que reconhecemos o produtor no produto, ultrapassamos o homem que há em nós para encontrar novas direções. Saímos da servidão e entramos na liberdade. Conforme aumentamos nossa potência com o conhecimento racional, aprendemos a agir no mundo, em vez de sermos parte passiva dele. Podemos captar a interpenetração das coisas singulares, sua articulação, a beleza com que se relacionam. Aprendemos a criar cada vez mais, afirmar potência em nós, efetuar o eterno que se atualiza no devir. Tudo isso é Deus se manifestando através de nós. O sujeito do terceiro gênero de conhecimento

objetiva produzir novos modos de vida, outros pensamentos, outros caminhos. Ele é inventor e criativo, produtor de si e do mundo.[102]

Isso acontece porque, segundo Spinoza, tudo o que a mente compreende sob a perspectiva da eternidade não o compreende por conceber a existência atual e presente do corpo, mas por **conceber a essência do corpo sob a perspectiva da eternidade**.[103] Por isso há tantos relatos sobre a sensação de algo maior nos guiando quando falamos de intuição; caminhos interessantes, cheios de coincidências, que mostram uma conexão maior entre as pessoas ou situações. Dessa forma, podemos diferenciar a intuição das dezenas de palpites que passam por nossa cabeça ao longo do dia.

Provavelmente não é sua intuição lhe dizendo para ligar para uma pessoa quando você está apaixonado por ela. Nesse momento, **estamos tomados pelas paixões, por aquilo que nos inunda**. Nossos hormônios nos guiam a fazer o que desejávamos fazer. Ou, pelo contrário, deixamos de fazer algo que tememos.

Quando somos movidos por essa sinfonia de percepções, crenças e dogmas, não estamos no comando de nós mesmos. A mesma coisa se aplica aos preconceitos. Historicamente, quantas mulheres ou pessoas negras já deixaram de ser contratadas para cargos para os quais eram absolutamente qualificadas? Foi a intuição dos empregadores que lhes disse para contratarem outras pessoas? Não, foi **o viés de confirmação** que os levou a escolher pessoas que se moldavam ao modelo mental (preconceituoso) de quem serviria melhor para determinados cargos ou funções. O que continua acontecendo até hoje, segundo estudos, levantamentos e reportagens. Destaco trecho da reportagem do jornalista Diogo Rodrigues, publicada na revista Época de abril de 2025:

> Dados do IBGE corroboram o levantamento: mulheres ocupam 39,3% dos cargos de liderança em setores público e privado no Brasil, porém representam apenas 13% dos CEOs nas empresas brasileiras. "**Entre os fatores que dificultam esse avanço estão o viés inconsciente em processos seletivos e promoções,** menor acesso a oportunidades estratégicas e a falta de programas efetivos de mentoria e desenvolvimento profissional", diz Ana Claudia Plihal, Head de Soluções para Talentos do LinkedIn Brasil.[104]

É importante que essa diferenciação esteja clara. Usamos, muitas vezes, a palavra "intuição" em vão, apenas para justificar **nosso viés de confirmação, nossos condicionamentos**.

Viés de confirmação é a tendência de se lembrar, interpretar ou pesquisar informações de maneira seletiva, de interpretarmos a realidade de forma tendenciosa para confirmar nossas crenças ou hipóteses iniciais. Acontece bastante dentro de bolhas nas redes sociais. Mesmo que a informação seja absolutamente falsa, pessoas não demoram a repassar a informação como se fosse verdadeira, pois aquilo comprova algum tipo de crença que movimenta o lado emocional do indivíduo.

Esse efeito é mais intenso em questões que envolvem forte carga emocional ou crenças profundamente arraigadas, como política e religião.

Eduardo Carmello trata de explicar melhor como a intuição acontece na prática. Ele exemplifica com uma situação envolvendo três diretores de um hospital, com os quais ele desenvolveu um projeto de Design Thinking. A primeira fase do projeto se tratava de empatia, e Eduardo os levou ao pronto-socorro. Cada diretor teria 1 hora para conversar com os pacientes, perceber de que precisavam e quais suas dificuldades, para assim poder melhorar o atendimento. Depois, teriam que montar um pequeno projeto com uma solução para o que foi diagnosticado.

Os três diretores, cada um com um grupo, apresentaram as soluções. O primeiro grupo diagnosticou que as pessoas ficavam muito cansadas ao esperar por atendimento. A solução proposta foi a de criar uma sala de descompressão para os pacientes do PS. Uma sala na cor azul, com uma luz especial, talvez com incensos, para que as pessoas pudessem se sentir bem enquanto estivessem esperando.

O segundo grupo bolou a ideia de um aplicativo que rastrearia o que estava acontecendo com a pessoa em atendimento no PS. Assim, quem estivesse na espera poderia ter uma estimativa do tempo de espera.

O terceiro grupo revelou que as pessoas esperavam por atendimento por cerca de 3 horas. Mapearam, então, quais eram os processos que faziam esse tempo ser tão longo e propuseram reestruturações internas no hospital que permitiriam diminuir o tempo de espera de 3 para 1 hora.

Eduardo Carmello levou, então, dez pacientes para a apresentação e avaliação dos três projetos. Pacientes reais. Os dez foram unânimes em dizer que desejavam ficar o menor tempo possível dentro do hospital.

O que isso quer dizer?

Num primeiro momento, as ideias da sala de descompressão e de um aplicativo ultramoderno podem parecer sedutoras, tecnológicas e belas. Mas o que queremos com isso? O "ego" ou "do que o outro precisa" no centro? É quando fica claro como opera o viés de confirmação. Muitas vezes, excluímos a realidade para optar por algo do nosso desejo. "Spinoza nos aconselha a sair da crença e ir para o mundo real", Carmello orienta.

O trabalho do treinador foca, basicamente, ajudar as pessoas a identificarem a quantidade de crenças, "achismos" e palpites que são levados em consideração na hora de tomar decisões, quais sejam, profissionais, familiares, nos relacionamentos e nas escolhas de vida. "Precisamos entrar no mundo da razão. Se eu testei uma hipótese e ela não está conectada com a realidade, ela é furada." Isso nos revela um nível grande de liberdade, pois, quando usamos a razão, não estamos mais presos às marcas, aos logotipos que impressionam nosso inconsciente, nos levando a comprar ou consumir, não somos mais tão suscetíveis àquilo que nos disseram ser o correto.

"A intuição está muito conectada com a razão", Eduardo Carmello me explica. A intuição é aquilo que opera no campo do desconhecido para guiar a razão, que está em busca de respostas. É por isso que, dessa forma, a intuição é uma arma poderosa nas mãos de cientistas que exauriram o pensamento racional em busca de soluções. Quando descansam, entram em contato com o incognoscível, fecham os bloqueios da racionalidade e alcançam respostas para suas perguntas. É uma rendição.

Isso pode servir também para descobrir ou desenvolver um produto, um serviço diferenciado. Projetos podem ser criados com base em informações sutis que somente a intuição captura. "É um degrau que não pode ser visto como forma de superioridade. É mais uma forma de conhecimento e pode ser treinada", analisa o especialista.

Eu me questiono se a proposição que fiz no começo deste capítulo foi guiada por intuição ou piração da minha cabeça. Eu sabia da qualidade do trabalho de Carmello antes de entrevistá-lo, mas não imaginava que houvesse tanta conexão entre nós dois; ao mesmo tempo que ele era um artista em começo de carreira no teatro, eu era marcada, na infância, pelo projeto do qual ele fazia parte. Essa coincidência significa algo?

Se olharmos para a intuição não como um tiro de corrida, mas como uma jornada, podemos vê-la não apenas como o caminho que me conectou ao meu entrevistado, mas como o caminho que nos conecta a algo maior. Uma forma de olharmos para a vida. Carmello me explica que, com o treino do conhecimento via intuição, todo o nosso sistema fica em alerta. No caso dele, que trabalha com pensamento estratégico, resolução de problemas complexos e inovação, quando inicia um novo projeto – da mesma maneira que fiz com este livro –, todo o seu sistema começa a ajudá-lo a buscar informações que vão trazer trilhas e respostas para suas perguntas. "Estamos projetivos, fizemos as perguntas, demos início ao projeto", ele complementa.

O grande problema de hoje é que ainda estamos chafurdados em crenças e limitações que operam em nossas vidas, nos deixando condicionados ao que nos foi ensinado sobre nós mesmos. Estamos inseguros, usamos máscaras para suportar a insegurança. Trabalhamos para "parecer ser" aquilo que nos disseram ser o correto, ficamos imersos num tipo de vaidade. Nos mostramos nas redes sociais como imaginamos ser o ideal, não como somos realmente. "Você fica distante do que pode alcançar porque ainda está sendo constituído pelas crenças", Carmello me explica.

De tempos em tempos, quando entramos em momentos de confrontação com a realidade de quem realmente somos, caímos, sem saber onde pisamos. "O mundo real nos desmonta, pois temos alicerces de areia", Carmello comenta. Não à toa, tantos profissionais estão adoecendo com depressão e burnout. Construíram mentiras sobre si mesmos com base nas crenças que tinham sobre sucesso ou realização.

Por isso, é preciso falar sobre intuição. Para Carmello, a intuição é a capacidade que vai catalisar a sabedoria sobre nosso ser quando descobrirmos nossa singularidade, quando estivermos próximos de quem realmente somos. A razão e a intuição completamente integradas, agindo juntas, potencializando nossos sistemas, operam para sermos mais de nós mesmos na busca por maior plenitude e melhores decisões. É possível transformar isso num exercício diário. "Hoje, as empresas me procuram 80% das vezes para sair das crenças. Apenas 20% para esse terceiro estágio, da inovação", ele me conta.

A singularidade é um conceito importante quando consideramos a intuição. Em nossa unicidade e em nosso próprio caminho, a boa intuição é um guia. "O grande equívoco é imaginar que vamos nos sentar, meditar e as informações vão cair no nosso colo. Não é assim pois a mente pode ser enganosa. Acreditar piamente em tudo o que pensamos ou ouvimos com a mente, na realidade, é ingenuidade. Até mesmo o desejo de se considerar superior, de já ter alcançado a perfeição é equivocado." Intuição não é uma visão mágica e não serve para nos julgarmos superiores; "eu estou sempre certo e os outros, errados. Ou pensar o contrário: eu sou sempre a vítima, e o outro, o vilão". Conclusões imaturas incidem negativamente sobre nossa intuição, segundo o especialista. Intuição não é um evento, é uma jornada e precisa estar alinhado com altos valores.

Sincronia ou não, pouco depois de minha conversa com Eduardo Carmello, assisti a uma aula com meu professor de escrituras védicas, Claudio Nigro, um profundo estudioso da filosofia indiana, que mencionava justamente como chegar ao conceito da boa intuição para nossa jornada rumo à sabedoria, à luz do Bhagavad Gita. Eu não pude me conter e fiz uma analogia com a conversa que tive com Carmello. Mesmo sendo filosofias distantes, acredito que sejam complementares à reflexão desse capítulo.

Segundo esse livro sagrado, o Senhor Krishna ensina o guerreiro Arjuna sobre tamas, a ignorância, rajas, a paixão, e sattwa, a bondade: três características que estão presentes em todos os fenômenos materiais. Se seguirmos o caminho de Buddhi Yoga para entender e traduzir a realidade, como citei no prefácio deste livro, chegamos a um ponto crucial: a verdadeira intuição, como tradução concreta e correta dos conhecimentos conectados à eternidade, se manifesta somente quando estamos no modo de *sattva*, ou seja, seguindo o princípio e um comportamento sempre ligado à bondade, à elevação espiritual e a nossa devoção à Inteligência Suprema.

Diz o Gita em seu épico:

> Ó poderoso herói Arjuna, as três modalidades da bondade, paixão e ignorância, que nascem da natureza

> material, atam a imutável alma espiritual do corpo. Ó imaculado, dessas três modalidades, devido à sua pureza, a modalidade da bondade é esclarecedora e saudável, condicionando a pessoa por meio da felicidade e do conhecimento. A modalidade da paixão é a corporificação do desejo. Nascida do anseio e do apego, condiciona a pessoa à ação. E saiba, ó Bharata, que a modalidade da ignorância, que nasce da escuridão, é a ignorância de todos os seres corporificados, condicionando-os à ilusão, à preguiça e ao sono.[105]

Se estamos em superstição, inércia ou ignorância, não estamos em contato com a intuição que nos leva ao bom conhecimento.

Se estamos tomados de fogo ou paixão, também não estamos em contato com a intuição que nos leva ao conhecimento verdadeiro.

Segundo o Gita:

> Quando os portais do corpo são iluminados com conhecimento, saiba que isso é uma manifestação da modalidade da bondade. Quando a modalidade da paixão predomina numa pessoa, manifestam-se a cobiça, o esforço intenso, a ocupação com atividades, a inquietação e a ansiedade. Pela influência da ignorância, manifestam-se os sintomas de torpor, da inatividade, ilusão e desorientação.[106]

Façamos essa autoanálise sempre, seja qual filosofia buscarmos seguir. É preciso filosofia e é preciso conhecimento. A intuição precisa ser um exercício de estarmos em contato com princípios elevados de nossa inteligência. Bondade.

Por isso insisto que é um percurso de aprimoramento em nossas vidas ao longo da vida. Isso pode nos ajudar no exercício do discernimento.

E mais: o intuitivo não deve ficar no mundo da ideologia, deve atuar no mundo da prática. Ele não pode ficar no mundo das ideias, da imaginação ou do primeiro gênero do conhecimento, como disse Spinoza. É através da ação que podemos alcançar a eternidade e em favor dessa ação consciente, guiamos a intuição para seu uso mais sublime em nossas vidas. Mais do que sensação, emoção ou pensamento, uma vez verificado que ela indique o caminho mais equilibrado ou mais conectado à sabedoria, a intuição é uma qualidade de informação que precisa de execução. Sem a materialização, ela não é nada. Não adianta idealizar e não realizar. Outra questão é que muitos intuitivos são iniciadores, mas falham em finalizar suas obras. "Precisamos sair desse caráter mágico do ser intuitivo", Carmello explica.

Esse equívoco não é novo. Há séculos, filósofos, pensadores e cientistas se voltam para entender como acontece a dança entre razão e intuição de maneira a trazer harmonia. É uma construção. A intuição já foi muito rechaçada e idealizada. O preço que pagamos foi grande. Mas estamos aprendendo. Uma aprendizagem que nunca acaba.

CAPÍTULO 10

Sopro misterioso do espírito

"A principal maneira como a voz divina fala conosco é por meio dos nossos sentimentos e pensamentos que são nossos mas não tiveram origem em nós."
DALLAS ALBERT WILLARD[107]

Discernimento.

Ed René Kivitz é teólogo, pastor da Igreja Batista de Água Branca, em São Paulo. Ele traz nas suas prédicas uma grande dose de inteligência, clareza e amor como prática de transformação social. Tanto que eu, que não sou evangélica, gosto muito de suas falas transmitidas via internet aos domingos. São aulas de vida a partir de alegorias bíblicas como metáfora para nossos caminhos e dilemas atuais.

Busco Ed para entender mais sobre a literatura cristã, que, no passado, em nome do poder, foi usada para manutenção política e conhecida por se colocar como antagonista da ciência. Até hoje, pessoas em busca de poder flertam com esse perigoso uso da religião. Quero entender com Ed, ferrenho crítico de políticos que usam da religião para justificar atitudes, como a literatura cristã faz a leitura da intuição. Ele me diz que o conceito existe, mas com o nome de *discernimento*.

Nessa tradição religiosa, ouvir ou conseguir ouvir a voz do discernimento é um dom do chamado *Espírito Santo*. É como ser porta-voz de uma palavra de conhecimento, de sabedoria. O dom do discernimento tem fundamento bíblico. Segundo Ed, está no Novo Testamento, especialmente no *Corpus Paulino* – o conjunto de cartas do apóstolo Paulo que tem importância significativa para os estudos do cristianismo.

O discernimento é um dom espiritual que tem a ver com a capacidade de julgar, de enxergar por entre as coisas. Não é apenas ouvir uma voz interior e acreditar piamente nela. É enxergar aquilo que está oculto para a maior parte das pessoas. Por exemplo, em uma reunião, na qual há uma grande confusão, alguém toma a palavra, fala algo e promove um consenso imediato. Está aí o discernimento. Ou quando sentimos que uma pessoa que acabamos de conhecer não nos cai bem ou que certa situação não vai dar certo – é o discernimento em ação.

Segundo o teólogo norte-americano Dallas Albert Willard, "a principal maneira como a voz divina fala conosco é por meio dos nossos sentimentos e pensamentos que são nossos mas não tiveram origem em nós".[108]

Lidar com o mistério da intuição, dessa voz que acontece no silêncio, é um dos desafios e, talvez, um dos cernes da vida religiosa. **O ponto é saber diferenciá-la do que pode ser uma manipulação dessa mensagem interior.** Ed me conta que, com frequência, esse fenômeno é falsificado – muito comum no mundo religioso. "Por exemplo, eu digo que estava aqui orando por você e vi uma chave. É porque Deus vai lhe dar uma chave. 'Chave do quê? Chave para quê?'", Ed questiona. "Dali a alguns dias, você recebe uma proposta de trabalho, e eu lhe digo: 'tá aí, era essa a chave!'. Não, isso está errado.

Ed me explica que, quando o fenômeno do discernimento acontece, ele é bem específico. Como o ocorrido com um amigo dele, jogador de futebol, que recebeu uma ligação de sua intercessora. Ela lhe disse que o viu entrando num avião a caminho do Japão: "Prepare sua família, prepare suas malas, porque Deus vai levar você para o Japão". Foi o que chamamos de premonição, descrita por Carl Jung como um acesso pelo inconsciente a informações coletivas que permitem certa antecipação dos acontecimentos. No dia seguinte, o empresário dele entrou em contato para dizer que ele recebera uma proposta para jogar no Japão. O rapaz respondeu: "Eu vou assinar, Deus já tinha me avisado sobre isso".

É assim que acontecem esses episódios. "O que vou dizer? Que é loucura? Que ele está ouvindo coisas? Não. Apenas o abençoei e disse: 'Vá, estou contigo, boa sorte para você'", Ed René se recorda.

Pergunto a Ed quem são essas intercessoras mencionadas no episódio. Ele me explica serem pessoas que estão em oração constante pelo bem dos outros. Na congregação deles, há pessoas que fazem essas preces e meditações em favor de alguém voluntariamente. Dedicam um tempo da vida, do dia, para conversar com Deus e pedir de coração pelo bem de uma pessoa.

A oração é uma conversa com Deus a respeito de algo que estamos fazendo juntos, segundo o teólogo Dallas Albert Willard.[109] Ed me conta que conversa com Deus à noite. Espera todos estarem dormindo, vai para a sala sozinho, em silêncio, e bate esse papo interior. Lembra-se da filha, que fez aniversário, do filho, que acabou de lhe dar um neto. De repente, tem um estalo e lhe vem à mente que sentiu o filho um pouco triste naquela última noite. Fica pensando, em meditação. Resgata a ideia de que a principal maneira como a voz divina fala conosco é por meio de nossos sentimentos e pensamentos. Estes que são nossos, mas não tiveram origem em nós, e sente que Deus está ali, lhe falando sobre tudo o que se passou nos dias anteriores. Como é um dom espiritual, existem pessoas que têm essa conversa, essa escuta de Deus, mais apurada. Ed me diz que não é um dom corriqueiro. Por isso, por vezes, ele pede para que pessoas intercessoras da comunidade orem por ele também.

A presença da intuição é notada em dois grandes momentos da literatura cristã no Novo Testamento: nas Cartas de Paulo e no livro de Atos, que nos conta sobre os Padres do Deserto – linha monástica que deu origem aos primeiros cristãos –, monges, freiras, eremitas e ascetas que viviam em silêncio, solidão e meditação. "Há uma expressão muito bonita sobre eles, diziam que eram os homens ébrios de Deus", Ed me conta.

No episódio conhecido como Pentecostes, havia muitos estrangeiros em Jerusalém para *Shavuot,* a festa pela entrega das tábuas dos Dez Mandamentos ao povo judeu. Em *Shavuot* também se celebra a colheita do trigo e dos grãos. Eis que os monges anacoretas presentes naquele dia começaram a falar diversas línguas com os estrangeiros. Quem não entendia nada passou a dizer que eles estavam ébrios, mas os estrangeiros perceberam que, na verdade, falavam em diversas línguas, como que por milagre. O episódio revela a experiência mística da presença de algo maior e misterioso agindo sobre a humanidade.

Pergunto a Ed como isso acontece, como Deus fala pela intuição. Existe um caminho? Ele me explica que essa presença se comunica quando estamos em condição de ouvir. "Porque faço silêncio. E no silêncio, eu ouço", ele me relata.

Mestres espirituais, pessoas que cultivam uma vida interior e que têm experiência nas práticas contemplativas podem ter o dom do discernimento para saber de quem é a voz que fala consigo; se é uma voz da própria mente, se é a voz de uma instância superior dentro de si, se devem segui-la ou se devem rejeitá-la. "Devo me entregar a esse impulso ou devo freá-lo? Para saber disso, precisamos de discernimento", Ed ressalta.

O reconhecido rabino judeu Abraham Joshua Heschel afirmava que os profetas sabiam o que Deus queria e essa era sua principal qualidade.[110] Eles recebiam o *pathos* divino, por isso eram empáticos com Deus e simpáticos em relação a Deus. Era uma experiência, uma revelação por meio de uma sabedoria que então passava a correr por todas as células do nosso corpo. Para Heschel, a experiência mística era um êxtase do ser humano.[111]

Histórias bíblicas são alegorias que podem servir para nossa transformação. Treinar nossa intuição, nossa capacidade de fazer conexões mais profundas, e não apenas literais, da mesma forma com os símbolos, que abordamos no capítulo sobre Platão. São histórias sobre ética, lealdade, transcendência, integridade. Quanto mais abertos estamos aos mitos, mais essas histórias nos transformam e nos elevam.

Porém, como já exploramos nestas páginas, o risco que corremos ao não sermos soberanos de nós mesmos é sermos manipulados por quem deseja **poder** por meio da religião ou até mesmo da ciência. A ideia do discernimento, principalmente nas rodas religiosas, se torna ainda mais importante quando olhamos por esse prisma.

Nesse sentido, a voz divina não nos controla como marionetes. São impulsos que nos inspiram a mudar o mundo e a nós mesmos, mas à nossa maneira. Isso não nos torna superiores a nada. É uma experiência profunda, interna, pessoal. Diante de tantas possibilidades, o teólogo acredita que o nome "intuição" é pequeno para abarcar tantas experiências. "O fenômeno espiritual cristão – com essas tradições da mística pentecostal, das tradições monásticas, das disciplinas contemplativas meditativas, da espiritualidade do silêncio, da teologia negativa, da experiência com Deus – é tão profundo e complexo que me questiono se é somente intuição."

Perguntei a Ed se esse tipo de discernimento acontece com ele; como, quando, onde. A resposta é sim: todas as vezes em que sobe em um púlpito para falar com o público. Ele me conta que é reservado, tímido e pouco sociável. Inclusive, as pessoas costumam falar sobre isso. Porém, quando sobe ao púlpito para falar, é diferente, ele se torna outra pessoa.

Sinto algo parecido ao entrar no ar, ao vivo, em meu programa de rádio. Quantas e quantas vezes me percebi extremamente inspirada com certas falas como "se não fosse eu quem estivesse falando". É um estado de inspiração. Ed me conta que, certa vez, ao finalizar uma prédica, uma mulher se aproximou e perguntou qual das duas versões dele era a verdadeira: a do palco ou a tímida, fora do púlpito. Ele se divertiu ao se lembrar disso.

A verdadeira versão é a de baixo, pois a de cima ele considera um dom espiritual. Lá em cima tem o estudo, a pesquisa, o jeito dele de ser, a dedicação, mas o que acontece de fato, aquela inspiração, ele entende como a manifestação do Espírito Santo.

Ed não foge das investigações a respeito de si mesmo. Sobre meu objeto de estudo, a intuição, ele chama a atenção para uma reflexão importante acerca de nossos dias. Se os fenômenos intuitivos são reais, se psicanalistas, cientistas, matemáticos, espiritualistas e nós, pessoas comuns, vivemos cotidianamente com a intuição, por que estamos adoecendo sem conseguir ouvir essa voz que nos aponta caminhos?

"Esse é um sintoma da pós-modernidade", Ed sentencia. É urgente nossa reflexão sobre a dicotomia razão versus sensibilidade. Para ele, é importante resgatarmos o debate sobre modernidade × pós-modernidade, pois é agora, na pós-modernidade ou na modernidade líquida, que os paradoxos e as limitações do olhar reducionista começaram a vir à tona com mais intensidade.

Pergunto a Ed se a escuta dessa conversa interior pode ser um antídoto para o mal-estar. Ele me explica que isso é um treino e um hábito. Ele vê a intuição como uma prática espiritual que requer atividade, tempo e atitude. O treino é a atividade, quanto tempo gastamos com ela – mas a atitude é muito importante: a humildade e nossas motivações interiores. Você quer ouvir Deus para quê? Para manipular os outros? Qual o seu objetivo com isso? Ser um líder político? Ou você quer ouvir a Deus porque quer realmente ouvir a Deus?

Para Ed, a atitude do coração pesa muito.

Começo meu livro falando do tempo. Da nossa relação com ele. Sobre como isso tem a ver com meu estudo da intuição. Vivemos num mundo que dispara muitos estímulos o tempo inteiro. Quanto tempo demora para nos desligarmos do trabalho, de verdade, quando saímos de férias? Quantos dias até conseguirmos curtir estar ali por inteiro, aproveitando os dias?

Citando Abraham Heschel novamente, Ed René recorda que o rabino nos ensina que o *shabat* (dia de repouso na religião judaica, da noite de sexta para o dia inteiro de sábado) não é um dia da semana; é uma catedral no tempo. Ed entende que esse treino é a chave para a escuta do nosso universo interno. Jesus dizia: quando orar, feche a porta do seu quarto. A tradução disso para os dias de hoje é: desligue o celular, a televisão... relaxe e chegue ao seu silêncio.

O teólogo me diz ter lido a biografia do ex-pugilista Evander Holyfield; nela, o irmão do atleta conta que, de vez em quando, Evander entrava no ringue disperso. O irmão sabia, olhando em seus olhos, quando ele apenas entrava no ringue e quando estava no quarto de oração. Era no "modo quarto de oração" que o pugilista sempre ganhava.

Ed recorda que um de seus recursos para começar o treino da mente, para conseguir entrar no quarto de orações, foi com um professor de controle mental. Era um treinador de jovens que prestavam vestibular, que estudavam durante todo o ano, mas, durante a prova, não conseguiam se lembrar do que haviam estudado. Com isso, aprendeu técnicas de memorização e também teve treinos de concentração, de auto-hipnose.

Hoje, Ed acha possível estar no meio de uma reunião, com várias pessoas debatendo, e entrar nesse estado contemplativo. Mas para conseguir fazer isso, teve que percorrer um longo caminho em busca da capacidade de introspecção, de conexão com o silêncio, de discernir as vozes que conversavam dentro de si. Segundo ele, se dedicarmos tempo à atividade de cultivar nossa natureza, mesmo com a correria e a barulheira do dia a dia, logo conseguimos entrar nesse estado de ouvir o chamado de dentro.

Eu quero que esse quarto esteja acessível para o maior número de pessoas. Mesmo que, por vezes, seja incômodo ouvir as vozes que nos apontam os caminhos a seguir. Ouvir a intuição é importante, principalmente para aqueles que adoecem porque, sensíveis demais, sucumbem às pressões de um mundo que corre. De um mundo que acelera. De um mundo cheio de informações que, paradoxalmente, nos deixam desinformados. Precisamos desse tempo para ouvir o que nosso corpo e nossa psique querem nos dizer. Tempo de estudo, sermos cientistas de nós mesmos.

CAPÍTULO 11

À beira de um burnout

"Muitas pessoas com vidas normais intuem que sua consciência não está limitada ao corpo e que, mesmo que seu corpo morra, a consciência deverá de algum modo sobreviver. É esse tipo de intuição direta que livra as pessoas do medo da morte."

AMIT GOSWAMI[112]

Ele ouvia a bisavó benzedeira contar histórias.

A bisavó era Ernestina Romano Duarte, filha de Nhá Rozenda, nascida em uma senzala em Minas Gerais, entre as tantas fazendas de café. Na diáspora ocorrida em Minas Gerais, a família migrou para Mato Grosso do Sul.

O pesquisador científico Luiz Fernando Borges nasceu em Aquidauana, cidade no interior do Pantanal sul-mato-grossense. Passou a infância ouvindo histórias em casa, refúgio de uma vizinhança violenta. Há poucos metros de onde morava, na mesma rua, havia um ponto de venda de drogas. Não era raro não conseguir entrar em casa ao voltar do supermercado, pelo fato de a rua estar interditada pela polícia. Um dia, um traficante caiu no meio de sua sala, pois tentava fugir pelos telhados das casas da vizinhança.

Isso justifica o fato de o menino ter ficado a maior parte da infância sozinho, lendo ou assistindo na televisão a programas educativos de ciências, que ele adorava.

Além de pela bisavó, Luiz foi criado pela mãe e pela tia. O pai, que era bombeiro militar, saiu de casa antes de o filho completar 1 ano de idade; eles se viam uma ou duas vezes por mês. A mãe, professora, foi um fator decisivo na vida profissional que Luiz viria a escolher no futuro. Ela tinha em casa materiais de ciências, que o garoto vasculhava com alegria e curiosidade. Ele se lembra com carinho da revista *Ciência Hoje*, da Sociedade Brasileira para o Progresso da Ciência, que ensinava experimentos às crianças.

Durante os anos cruciais para a formação e o desenvolvimento das bases cognitivas de uma criança, dos 0 aos 7 anos, Luiz esteve sob influência dessas três mulheres. Cresceu ouvindo histórias de sobrevivência, a respeito de natureza, mistérios, femininos. Anos mais tarde, especializando-se em neurociência, Luiz entendeu um pouco mais sobre como tudo isso construiu sua trajetória.

No período em que ficava dentro de casa, ele também assistia a obras de ficção científica e documentários sobre grandes cientistas brasileiros. A TV não saía dos canais Futura e TV Escola, a qual a mãe deixava travada para que ele não tivesse acesso a programas de outro tipo. Fato é que ele passou a infância vendo e fazendo experimentos. Dentro de si, teve muito clara a recompensa que recebia pelo esforço que dirigia em seus estudos e experiências.

A mãe trabalhava das seis da manhã às seis da noite, mas sempre que chegava em casa dedicava tempo ao filho para ouvir sobre suas estripulias, como o dia em que Luiz explodiu bombinhas em garrafas de vidro para vê-las voar. Ela tratou de incentivá-lo, nunca deixou de escutá-lo, mesmo que estivesse exausta depois de uma longa jornada de trabalho.

O reforço positivo e a percepção de que seus experimentos infantis davam certo foram fatores decisivos na tomada de decisão sobre seguir o caminho das ciências. Se a intuição lhe disse que era esse o caminho, é porque, segundo ele, já estava lá todo um sentido de prazer consolidado na infância para levá-lo a tomar essa decisão. Ele apenas ouviu os sinais do corpo.

No ensino médio, Luiz optou pelo técnico em informática. Durante esse período, começou a ter um excelente desempenho nas competições nacionais de ciências. Era muito esforçado e vivia para aquilo. Conquistou mais de sessenta prêmios na área, sendo um dos maiores vencedores dessas premiações no Brasil. O reconhecimento veio cedo. Em vez de prestar vestibular, resolveu seguir a prática científica: aprendeu sobre programação e eletrônica e se especializou em usá-las em sua verdadeira paixão: a biologia. Passou a desenvolver pesquisas para o Instituto Federal de Educação, Ciência e Tecnologia. Foi quando as portas começaram a se abrir, e Luiz começou a receber mais reconhecimento. Prêmios, viagens, repercussão na mídia e contato com grandes cientistas.

"Nas vezes em que eu não segui minha intuição, me arrependi", Luiz me conta, dizendo ter certeza de que eu já devo ter ouvido muito essa expressão ao longo das conversas para este livro. Sim, ouvi. Ouvi e senti. O jovem cientista conversou comigo sobre intuição quando tinha acabado de receber o prêmio do Massachusetts Institute of Technology (MIT), em 2024, como um dos 35 jovens brasileiros mais inovadores do mundo, reconhecimento por seus projetos na área da interface cérebro-máquina.

Ele não acredita em Deus. Pelo menos, não naquele da versão cristã. Luiz tem fé ou uma crença de que está à altura de resolver todos os problemas que surgem em sua vida. "Hoje, me vejo com um problema para criar uma empresa no Brasil que trata sobre reabilitação robótica com neuroengenharia, interface cérebro-máquina e IA. Esse problema que estou resolvendo agora está no meu escopo de possibilidades. Tenho uma fé cega de que você só encontra os problemas que aparecem em sua vida porque está à altura de resolvê-los."

Claro que algumas coisas acontecem na vida por má sorte. Luiz me diz que, quando esse tipo de problema ocorre, tende a encarar como uma oportunidade de crescimento. Mas, quando algo gera um desconforto na alma e nos faz questionar nossas escolhas de vida, é porque há uma lição da vida que já devíamos ter aprendido, mas que insistimos em não aprender, segundo ele.

Luiz considera a intuição uma propriedade emergente do cérebro humano vinda de raciocínios que não estão conscientes. Ele se considera um cientista positivista e me explica que armazenamos fatos e situações passadas em nosso arquivo interno; ao vivermos situações novas, temos uma reação instintiva e visceral que acende à consciência que o corpo já tem sobre certas situações, mesmo que nosso racional não saiba disso.

Confiar na sabedoria do corpo e na auto-observação é um dos grandes desafios da atualidade. Estamos sendo treinados há algumas centenas de anos para atrofiar o saber subjetivo, único, achando que ele é menor, "cientificamente inexato". Mas é o oposto disso para o neurocientista. "Quando uma grande bifurcação aparece em nossa vida ou quando somos postos diante de um dilema, essa sabedoria emerge, essa linguagem fica mais evidente", ele me diz. Nesse momento, estaríamos mais equipados se tivéssemos treinado nossos sistemas para ouvir o coração. Mas o que isso de fato quer dizer?

Luiz Fernando se lembra do emblemático discurso que Steve Jobs fez para os formandos de Stanford, em 2005, em que falava exatamente a respeito disso.[113]

> O tempo que vocês dispõem é limitado, e por isso não deveriam desperdiçá-lo vivendo a vida de outra pessoa. Não se deixem aprisionar por dogmas – isso significa viver sob os ditames do pensamento alheio. Não permitam que o ruído das outras vozes supere o sussurro de sua voz interior. E, acima de tudo, tenham a coragem de seguir seu coração e suas intuições, porque eles de alguma maneira já sabem o que vocês realmente desejam se tornar. Tudo mais é secundário.
>
> Quando eu era jovem, havia uma publicação maravilhosa chamada The Whole Earth Catalog, uma das bíblias de minha geração. Foi criada por um sujeito chamado Stewart Brand, não longe daqui, em Menlo Park, e ele deu vida ao livro com um toque de poesia. Era o final dos anos 1960, antes dos computadores pessoais e da editoração eletrônica, e por isso a produção era toda feita com máquinas de escrever, Polaroids

> e tesouras. Era como um Google em papel, 35 anos antes do Google – um projeto idealista e repleto de ferramentas e ideias magníficas.
>
> Stewart e sua equipe publicaram diversas edições do The Whole Earth Catalog, e quando a ideia havia esgotado suas possibilidades, lançaram uma edição final. Estávamos na metade dos anos 1970, e eu tinha a idade de vocês. Na quarta capa da edição final, havia uma foto de uma estrada rural em uma manhã, o tipo de estrada em que alguém gostaria de pegar carona. Abaixo da foto, estava escrito "Permaneçam famintos. Permaneçam tolos". Era a mensagem de despedida deles. Permaneçam famintos. Permaneçam tolos. Foi o que eu sempre desejei para mim mesmo. E é o que desejo a vocês em sua formatura e em seu novo começo.
>
> Mantenham-se famintos. Mantenham-se tolos.[114]

Para sermos tolos, como sugeriu Steve Jobs, precisamos de uma coragem imensa. Segundo Luiz Fernando Borges, a opção de seguirmos o coração é a mais inteligente, porque é o saber do coração, que já experienciou e gravou situações do passado e as armazenou como um sentimento de situações semelhantes, que pode voltar a despertar no futuro. Para Luiz, a intuição é um viés estatístico natural do qual não estamos conscientes, mas que tem uma inteligência sublime sobre o nosso próprio caminho a seguir.

Assim aconteceu com ele na ciência. Por meio de erros e acertos, Luiz foi entendendo como construir a própria carreira. Ele vinha de um ciclo de ascensão meteórica nas competições em feiras de ciências durante a juventude. Lembra-se de ter estudado de maneira obsessiva para conseguir chegar aonde chegou. Ele não se arrepende, mas sabe que não era saudável. Vivia para estudar. Por outro lado, conta que não tinha, ou não via, outra opção. Não tinha familiares na ciência, não tinha dinheiro, vinha do interior de Mato Grosso do Sul. Nada favorecia o menino que sonhava ser cientista. Mergulhar de forma obsessiva nos estudos, abdicar de amigos e da família pela meta era a única escolha, segundo ele.

Em 2017, ele estava nos principais programas de televisão, falando sobre seus feitos. Naquele momento, entendeu que a vida corria como ele sonhava. Sentia que estava no caminho correto. A vida já mostrava os frutos depois da árdua plantação. Luiz entendeu que continuar desenvolvendo pesquisas na área da medicina era o caminho. Mas foi também quando começou a ter crises de ansiedade. De 2018 para 2019, o governo que entrou na administração do Estado brasileiro freou de maneira significativa os investimentos em ciência e tecnologia, como bolsas de estudo e incentivo à pesquisa. O clima se tornou ruim para o desenvolvimento intelectual. Luiz, então, se viu incerto em relação a seu caminho. Os sintomas de ansiedade passaram a chamar a atenção.

Uma opção seria, ele pensou, tentar um caminho no exterior. Muitos pesquisadores brasileiros fizeram carreira indo para Stanford, Harvard, Duke. No fundo do coração, Luiz não queria sair do Brasil. Mas, naquele momento, parecia o óbvio a fazer, não tinha como questionar. Porém, a mera possibilidade lhe trazia desequilíbrio emocional. O jovem cientista não se identificava com o perfil dos pesquisadores que tinham ido para universidades internacionais. Era o clássico caso em que o intelecto dizia "sim, saia do Brasil", mas o coração dizia "não, seu caminho ainda é por aqui".

Resultado: Luiz Fernando foi contra a intuição. Candidatou-se a todas as universidades mais conhecidas. Foi rejeitado por todas. Aquilo era impossível. O menino que conquistava todas as medalhas e vencia todos os concursos de ciências não poderia estar passando por aquela provação. Luiz não passou nem pelo "vestibular" das universidades norte-americanas. Algo lhe dizia que não deveria continuar tentando. Mas ele continuou.

Em 2019, mais resultados negativos. Foi então que seu mundo desabou. O rapaz, que já vinha utilizando medicação controlada, passou a desacreditar de si mesmo, a duvidar de todas as escolhas que tinha feito até ali. Ele se perguntava se não era melhor ter aprendido a passar em vestibulares como os colegas para, então, poder entrar nas universidades internacionais. Foi um período de noite escura da alma.

No meio de tudo aquilo, houve um episódio marcante. Luiz passava por Campo Grande, capital do Mato Grosso do Sul, quando sentiu o coração disparar. Ele chamou a mãe para acompanhá-lo ao pronto-socorro. Tiveram que chamar uma ambulância, não sabiam o que estava acontecendo. Seus batimentos cardíacos chegaram a 198 por minuto. O normal é de 90 a 100 bpm. No trajeto de quase 1 hora até o hospital, com apenas 21 anos, Luiz viu a vida passar como um filme diante dos olhos. Ele me conta que seu cérebro fez um discurso como nunca tinha ouvido antes. "É uma experiência consigo mesmo que todo mundo vai ter quando tiver certeza de que vai morrer", reflete. Naquele momento, com a visão turva, a respiração comprometida, a mandíbula travada, os bombeiros medindo seus batimentos e a oxigenação, Luiz sabia que ia morrer.

Foi quando aconteceu algo que o transformou.

Luiz sentiu paz. Sentiu que tudo o que tinha feito até aquele momento tinha sido por meio de escolhas autênticas. Tinha vivido e feito tudo de acordo com a própria verdade. Não precisara fazer provas ou interpretar um personagem para estar em círculos acadêmicos nos quais não acreditava ou não queria estar. Ele não se dobrou.

"Isso me transformou num monstro", ele se diverte. Após a catarse, e dias depois de ter saído bem do hospital, passou a viver mais íntegro consigo mesmo. Uma das características que adquiriu foi o viver com menos medo, mais certo das decisões tomadas. Passou a ter mais consciência do quanto precisa estar alinhado consigo mesmo para que seja satisfatório o balanço da própria vida quando estiver prestes a morrer novamente.

Porém, ele reflete que muitas vezes o que ocorre com boa parte das pessoas é o contrário. Quando se chega ao momento da morte, ou de alguma situação limite, alguns vão se dar conta de que estão em relacionamentos ruins, que escolheram profissões baseadas em status ou naquilo que lhes daria satisfação social, e não satisfação interior. Naquele momento, Luiz tinha se dado conta de que a decisão controversa de não seguir um caminho acadêmico tradicional estava de acordo com seu desejo genuíno, com seu caminho, com sua intuição. Ao não passar para as universidades internacionais, algo que no íntimo ele não desejava, passou a sentir um conflito entre o que o mundo dizia que era para ele e o que realmente queria.

Resultado?

Antidepressivos e a crise de ansiedade que o levou até o hospital com uma quase parada cardíaca. Ali, a intuição havia extrapolado suas vozes e gritava por meio de um corpo enfermo: siga seu coração, e não a voz do óbvio.

Foi o momento de dar alguns passos para trás, se acalmar.

Se, adoecido, Luiz teve todas essas catarses, ao se mudar para São Paulo, começou sessões de terapia cognitivo-comportamental. Passou também a seguir uma filosofia de vida estoica.

Uma das bases do estoicismo é contemplar nossa finitude, nossa mortalidade. O tempo. Somos seres mortais, com um tempo limitado na Terra. No momento da passagem, estaremos a sós. Não haverá plateia. Por isso, o diálogo interno precisa ser sincero. No momento mais crítico de sua vida, naquela quase morte, Luiz teve a experiência de se sentir em paz. Mais do que isso: sentiu-se honesto com as próprias intuições.

Hoje, depois de trilhar uma grande jornada de autoconhecimento, o cientista relata que sabe exatamente quando há um descompasso entre seu corpo e sua psique. Aprendeu a se observar na marra. Sabe que, quando sente um turbilhão de emoções, quando percebe que não consegue controlar os altos e baixos emocionais, é hora de botar em prática algumas técnicas. Após um treino árduo de atenção e respiração, sua propriocepção o faz perceber quando o espírito está se movendo mais rápido do que o corpo. Começou, por recomendação da terapeuta, a praticar yoga.

Na terapia e no yoga, Luiz aprendeu os exercícios de respiração. Com isso, consegue treinar a volta para um estado de atenção plena por meio da ativação do sistema parassimpático. Na visão do cientista, essas técnicas, assim como o ensino da regulação emocional, deveriam ser ensinadas para as crianças na escola, em matérias oficiais.

O autodesenvolvimento pode nos trazer desconfortos: desde o físico, por causa da disciplina, do cuidado e autocuidado, até o filosófico, moral e espiritual, por meio de nossas escolhas. Quando saímos do propósito que nos anima, começamos a adoecer, segundo a experiência de Luiz. É mais simples do que podemos imaginar, mas muitas vezes seguimos correndo atrás de objetivos que estão em conflito com nosso real propósito ou com força que anima nossa psique.

Uma busca que somente pode ser empreendida de maneira solitária, quando silenciamos as vozes externas que qualificam o que seria bom ou mau para nós e saímos do ritmo frenético da vida diária. É necessário ouvir o que há fora de nós para podermos entender o mundo e ponderar, mas não tomar como a regra que guia nossas realizações. É um constante exercício de discernimento.

Se Luiz tivesse seguido o que se esperava dele, teria se tornado absolutamente frustrado. Ele entende que o colapso que sofreu aos 21 anos é o que muitas pessoas vão passar por volta dos 40, 41 anos, quando já tiverem certa estabilidade financeira, familiar e até emocional. Por isso, não entendem a imensa insatisfação que inunda a vida. Luiz entendeu que a intuição não é apenas a voz interior que aponta caminhos a seguir, mas também a que ecoa nos desconfortos do corpo.

Ter aprendido com a terapeuta o valor desses sinais foi uma das lições mais importantes de sua vida. Dores de cabeça que vêm do nada, pesares no corpo, na coluna, nos ombros, sensação de pontada no coração ou no peito. Luiz, como adepto da filosofia estoica, me diz que, independentemente da explicação física ou metafísica dos sintomas, o importante é jamais ignorá-los.

Tomamos um analgésico, um anti-inflamatório, até mesmo um antidepressivo, antes de saber o que aquele mal-estar quer dizer. Mas um parêntesis: quando falo sobre isso, jamais quero dizer para não tomarmos os remédios receitados pelos médicos – de forma alguma. Sublinho apenas que os sintomas revelam muito. Somos um sistema sofisticado de corpo e psique, interagindo por meio de uma consciência. Essa é minha hipótese.

Hoje, quando algum sintoma de ansiedade aparece "do nada", Luiz sabe que o corpo quer que ele perceba algo importante. Não é bobagem ou frescura. É o corpo lhe dizendo: preste atenção. E ele vai continuar até o limiar da dor, como falta de ar, taquicardia, rigidez muscular, tensões variadas, mal-estar no estômago, cabeça pesada. Ele vai gritar.

Existem técnicas de regulação emocional que nos ajudam a entender nosso próprio funcionamento e a não acumularmos traumas. Luiz sugere que, ao passarmos por uma situação desagradável, fechemos nossos olhos, nos concentrando no desconforto ou na dor que sentimos. Devemos sentir, perceber, estarmos presentes, não fugir do desconforto. Onde ele pega? Nas costas? No pescoço? No estômago? No coração?

Quando passarmos a perceber o desconforto, ele pode piorar durante alguns segundos. Então, vai atingir um pico. Podemos sentir vontade de chorar. Nesse momento, acontece a mágica. Quando enfrentamos e estamos no estado de presença, regulamos as oscilações. Podemos sentir medo de sentir. É isso o que nos contrai, o medo. Soltar é um dos processos mais importantes de aprendizagem. Essas oscilações vão acontecer uma, duas, três, várias vezes. Mas, todas as vezes que acontecerem, podemos nos preparar para fazer esse exercício de presença e de soltar. Deixar que as emoções aconteçam, sem julgamento. Sentindo, surfando, até chorando, se necessário. Reconhecendo nosso campo interno.

Se dermos a oportunidade para nosso corpo-mente sentir por inteiro, não parcelamos a dor. Deixaremos que ela simplesmente passe. Não ficaremos acumulando e dissolvendo em nossa corrente sanguínea todo o estresse das emoções reprimidas. "Se vier a sensação negativa e você fizer isso, você tem o sofrimento parcelado em menos parcelas, pois passa a ter consciência. É como fazer um mindfulness do desconforto", o cientista me explica. A ideia é se concentrar na tristeza e observar onde ela se manifesta. Podemos até colocar as mãos onde dói.

Para crianças e jovens, essa é uma ferramenta sem igual para aprenderem a lidar com as frustrações e perdas, em vez de aprenderem a anestesiar com álcool ou drogas os inevitáveis estímulos negativos que acontecem ou passam a acontecer nessa etapa da vida.

Já conquistamos a Lua. Temos um esquema de engenharia sofisticadíssimo. Luiz mesmo utiliza os equipamentos mais modernos na Associação de Assistência à Criança Deficiente (AACD). A engenharia das coisas é sofisticada demais. No entanto, não curamos o ódio que nos destrói e destrói o outro, não curamos a avareza e a falta de fraternidade.

"As tecnologias que eu estou usando para a evolução do meu ser são a filosofia e a psicologia, com a terapia cognitivo-comportamental." Como bom cientista, Luiz me diz que devemos prestar atenção às evidências: práticas de regulação emocional que sobrevivem há milênios, como o yoga e o pranayama, são o que de mais racional existem, pois a comprovação de que essas técnicas funcionam é empírica.

Há um propósito que nos move e anima nossa vida. Podemos ajudar a natureza a se aprimorar por meio de experiências; nós, pequenas células, parte desse corpo maior, a natureza. "Uma vez que sei aonde quero chegar, uma vez que sei que direção devo seguir, tomo consciência do que me falta. Entendendo o que me falta para chegar lá, posso buscar novos recursos para complementar essa falta. Mas, antes de tudo, está o desejo de buscar o propósito. A partir dessa visão ou caminho de vida é que a intuição faz sentido", ele reflete.

Luiz não foi para o exterior. Encontrou seu caminho no Brasil. Seu propósito: usar a tecnologia para o bem comum. Aos 26 anos, trabalha no aperfeiçoamento da interação cérebro-máquina. Na AACD, desenvolve um projeto que ajuda pessoas com algum tipo de deficiência a usarem as máquinas com a força do pensamento. As ondas cerebrais são captadas por aparelhos que as decodificam em movimento, o que pode devolver a atividade motora às pessoas. Foi por esse projeto que o jovem foi reconhecido como um dos mais inovadores com menos de 35 anos pelo MIT, referência no mundo quando o assunto é tecnologia.

Luiz é cientista. Curioso sobre a vida e seus mecanismos. Acredita na ciência e sabe que a ciência não explica tudo. Encara a vida como uma sucessão de lições a serem aprendidas. A intuição é um mapa que se faz cada vez mais necessário em um mundo que mostra cada vez mais sua complexidade. Uma ferramenta nas mãos dos cientistas que sabem quão pequenos somos diante dos mistérios da existência.

CAPÍTULO 12

Intuição na construção de satélites

"A física do século XX mostrou-nos de maneira convincente que não existe verdade absoluta em relação à ciência, que todos os conceitos e teorias são limitados e aproximados. [...] A aceitação do ponto de vista cartesiano como verdade absoluta e do método de Descartes como o único meio válido para se chegar ao conhecimento desempenhou um importante papel na instauração do nosso atual desequilíbrio cultural."

FRITJOF CAPRA[115]

Nos distanciamos do solo, da terra e da natureza. Temos falado demais. Redes sociais, internet, inteligência artificial. Excesso de dopamina operando em nosso organismo. Racionalidade exacerbada. Vivemos em tempos de muito mais informação circulando do que jamais vimos na história. Isso nubla bastante nosso campo de saber, consciência e escuta interior.

Quando comecei a pesquisa para este livro, esbarrei em uma aula ministrada por um engenheiro cujo título era: "Intuição: a escuta do silêncio".

Escute teu silêncio é o nome do meu primeiro livro. Obviamente, não deixei essa coincidência passar e me apressei em pesquisar o conteúdo de tal palestra. Animada com a coincidência, entrei em contato com o professor.

Puro tiro intuitivo.

O engenheiro Edson Gusella Jr. me respondeu prontamente, mesmo não sendo uma pessoa muito ativa nas redes sociais. Logo de cara, ele me conta que sempre "andou em duas canoas". Iniciou sua formação no Instituto Tecnológico de Aeronáutica (ITA) e terminou na Unicamp, mestre em telecomunicações espaciais pelo Instituto Nacional de Pesquisas Espaciais (INPE). Por outro lado, é psicanalista, estudante de advaita, budismo e pesquisador da intuição.

Ele foi um dos engenheiros que projetou o primeiro satélite brasileiro, até hoje em órbita no espaço, com recorde de órbita ativa. "Tem um dedo meu nisso", ele me conta. É um inventor, uma mente exata. Ele me diz que esse é o *lado A* do Edson.

O *lado B* é a formação em psicanálise lacaniana pela Escola Brasileira de Psicanálise e um profundo interesse pelo comportamento humano, pela mente e seus mistérios. Durante um tempo em São Paulo, chegou a trabalhar em consultório. Devido a uma situação particular, precisou se mudar para Brasília e voltou para a engenharia. Coisas da vida. Mas ele me diz que, uma vez psicanalista, você permanece psicanalista para sempre.

Edson é de uma cidade pequena no interior de São Paulo. Nasceu numa época em que das duas, uma: ou você estudava Medicina, ou você estudava Engenharia. De acordo com o modelo mental da época, eram essas as possibilidades de "ser alguém na vida". Ele me conta que, como era bom na área de exatas e de matemática, seu destino estava traçado.

Ele percorreu uma trajetória interessante. Na psicanálise, não gostava das teorias freudianas. Tinha certa resistência a elas, pois achava que a psicanálise "era feita das histórias que Freud contava". Mas, um dia, enquanto construía satélites, se deparou com as teorias de Jacques Lacan, e sua mente de engenheiro encontrou as estruturas de que precisava para entender "as histórias do Freud", como ele mesmo me disse. A psicanálise começou a fazer sentido, então. "Psicanálise é lógica. Só que não é a lógica aristotélica convencional. Mas é lógica. Com Lacan, me vi em casa", ele me diz.

Por outro lado, em 2006, Edson teve um importante encontro com Mooji, professor de espiritualidades jamaicano que estava em visita ao Brasil. O guru é da linha do advaita e vive atualmente em Portugal, no Monte Sahaja. O cientista me conta que Mooji o levou a um apontamento sobre a natureza da existência, sobre quem somos nós. Foi um apontamento direto. O guru se colocou em frente a ele e perguntou: "Quem é você? Quem é você fora as qualificações, os adjetivos, as ideias e elaborações que faz sobre si mesmo?".

A experiência de nos entendermos nesse lugar puro, sem interferência do próprio nome ou dos julgamentos, nossos e dos outros, pode ser muito transformadora. Quem é você agora, exatamente agora, fechando os olhos e se percebendo além do seu nome, da qualificação de ser homem ou mulher, pai ou mãe? Quem é você além de suas tarefas? O engenheiro me conta que foi uma experiência impressionante, sem escapatória. Uma vivência além das palavras.

Edson me explica que, na visão dele, quando falamos de intuição, estamos falando sobre um diálogo. Podemos entender que é uma conversa entre duas naturezas dentro de nós.

Uma dessas naturezas é o que Edson chama de Eu consciente: a maneira como falamos e narramos o mundo, como entendemos nossa personalidade, nosso corpo físico, como nos nomeamos, como julgamos e qualificamos a nós mesmos. É o "eu" que vive o mundo.

A outra natureza é um Eu não conceitual.

Esse Eu não conceitual é uma instância que talvez possa ser chamada "superior". É uma voz ou uma experiência que vem do silêncio interior, que está dentro de nós e de onde nascem conceitos maiores, mais elevados, como amor, justiça, ética, sabedoria. Uma voz guia à qual não temos acesso imediato; há que se ter um treino, desejo ou um pedido para que ela se expresse por meio de nós. Penso que é como se fosse uma corda invisível que nos puxa para sermos o melhor de nós mesmos, mas somos como míopes sem óculos, tentando enxergar com nitidez por onde e para onde ela nos puxa.

Nosso lado objetivo e racional faz as perguntas. Ele tem dúvidas, anseia por respostas. O lado insondável responde, à sua maneira, nesse silêncio que comunica, tanto com insights, uma sabedoria direta. Mas não é uma resposta falada, como um diálogo com um amigo imaginário. Não. O cientista explica, inspirado em seus estudos teosóficos de Helena Blavatsky, que essa resposta vem como um silêncio diferente dos conhecimentos adquiridos e daqueles que viriam da memória. É uma resposta com um frescor e um ar de novidade que a tornam inconfundível. Sempre precedida de um silêncio.

Durante a escrita deste livro, um episódio deixou isso claro para mim. Comecei a me sentir com falta de foco e cansada demais. Também estava com muita dor nas costas – sofro com três hérnias na coluna lombar, mas não desisto das práticas vigorosas de yoga. Resolvi procurar um médico do esporte que pudesse me ajudar com uma bateria de exames.

Na consulta, o médico me pediu uma mamografia, que havia algum tempo eu não fazia. Fiz todos os exames, absolutamente tranquila. Porém, no raio X da mama, a médica localizou algo suspeito. Na hora, não dei tanta atenção àquilo, pois não queria considerar a possibilidade de algo ruim ter sido encontrado. Alguns dias depois, vieram os resultados: era recomendado que eu fizesse uma biópsia, pois calcificações suspeitas haviam sido encontradas.

Na hora em que peguei o resultado dos exames, tive a nítida percepção dessas duas esferas operando em mim: a do Eu consciente e a do Eu não conceitual. O lado racional olhou com absoluta preocupação e pragmatismo para os exames. De imediato, contactei meus médicos, o mastologista e o oncologista, para me orientarem sobre o que fazer. Minha mente racional trabalhou com os piores cenários, pragmática, afiada. Eu precisava entender o que poderia acontecer e como agir. Fiz uma viagem interna dolorida, pensando e elaborando tudo o que deveria planejar e trabalhar em mim mesma caso tivesse o resultado positivo de um câncer.

Porém, posso dizer que, numa esfera paralela, dentro de mim, mas "em separado", essa voz do silêncio me garantia que eu não tinha um tumor no seio. Era uma certeza *não lógica*, não racional. Eu sabia. Acontecia um diálogo entre as duas instâncias. Uma voz interna me orientava, ou me levava a saber, que, mesmo não tendo a doença, eu precisava passar por aquela experiência de forma inteira para ter uma ideia do que tantas mulheres que têm o diagnóstico positivo passam. Talvez, ao sentir aquela dor, e também como comunicadora, eu pudesse falar com mais propriedade sobre o assunto e alertar de maneira real, informativa, mas também completamente empática, sobre a necessidade de as mulheres fazerem sempre os exames preventivos.

Fiz todo o caminho de exames e aferições. Racionalmente, fui ao fundo do poço com uma tristeza imensa, pensando em como seria conversar com meus filhos e minha família sobre câncer, a depender de quão grave fosse o diagnóstico; afinal, os médicos estavam realmente apreensivos.

O resultado da biópsia saiu. De imediato meu médico me mandou uma mensagem: "Vamos comemorar: você não está doente".

Não tenho como explicar essa experiência, como ela foi importante dentro e fora de mim. Precisei me desapegar de tudo o que eu achava que me ancorava. Em especial, minha saúde, que poderia estar em risco naquele momento. Minha intuição me falava claramente sobre o resultado. Eu sabia, sentia, intuía. Mas precisava passar pela experiência de forma lúcida.

Vivenciei um mergulho na realidade. Foi também um alerta: preciso observar e cuidar ainda mais do meu corpo. Preciso estar mais *presente*.

O budismo também nos ajuda a entender a intuição. Segundo Edson Gusella Jr., há o *Tetralema de Nagarjuna*, que traz a ideia de uma lógica expandida além da lógica tradicional. Nagarjuna foi um filósofo budista da Índia, que articulou a *sunyata,* ou a *doutrina do vazio.* Ele é considerado o fundador da Escola Caminho do Meio, no século II da Era Cristã.

O que significa expandirmos nossa lógica de raciocínio?

"É pensar além do 'é ou não é'. É levarmos em conta a contradição", Gusella me explica. Na psicanálise, Sigmund Freud costumava dizer que o inconsciente não conhece a contradição. Ou seja, todos nós estamos cheios de contradições, mas dificilmente as percebemos. Como não as percebemos, a maior parte de nós não aceita que elas existem.

Passamos uma vida inteira tentando enquadrar tudo e todos dentro da lógica aristotélica do "ou é ou não é", "preto ou branco", "sim ou não", "direita ou esquerda". Precisamos alargar o raciocínio para entender a vida de uma maneira mais ampla, que, no fundo, é a realidade. A vida é paradoxal. A vida é contradição. "Além do sim e do não, também existe a indeterminação, existe o não saber", me aponta o professor.

Quando estamos no "é ou não é", ficamos bastante presos à percepção racional. A intuição está ligada a um lugar diferenciado dentro de nós, é sentir em vez de pensar e saber por meio desse sentir. Como dito anteriormente, é aceitar que existe um diálogo entre esse *Eu* que nomeia a si e ao mundo e um *outro Eu,* que alguns chamam de *higher self,* ancorado em um conhecimento que abarca algo maior.

"Eu estou neste corpo, eu sou esse corpo. Eu não sou só ele. Mas eu não sou sem ele", Edson Gusella sentencia.

Para Edson, o funcionamento da intuição se dá da seguinte maneira: em geral, temos uma dúvida a respeito de algo – dentro ou fora de nós. Fazemos, então, uma pergunta e esperamos uma resposta. Entretanto, a resposta que virá da intuição será diferente daquela que viria da memória.

Ela vem de algo que você ainda não sabe. É uma resposta que pode vir de imediato, no dia seguinte, após alguns dias. Mas existem duas pré-condições: o silêncio e a constatação de que não sabemos. O professor Gusella me conta um causo que nos ajuda a ver perfeitamente o funcionamento da intuição:

"Trabalhei durante um bom tempo como engenheiro de desenvolvimento, fazendo produtos. Um dia, eu trabalhava na cópia de uma tomada de TV a cabo. Pegamos algumas que vieram do exterior. Era muito simples: um transformador com três voltas de fio. Copiei para reproduzir. Fiz igual ao que via, mas não tinha o mesmo resultado, não funcionava. Desmontei todas as tomadas e não conseguia fazer funcionar. Em determinado momento, peguei o pequeno transformador na mão; fiquei olhando para ele. Perguntei: o que não estou vendo que há de diferente aqui? Fiquei alguns minutos olhando para ele. De repente, veio a resposta: 'O fio está enrolado do lado errado'. Foi um plim. Recebi a resposta".

Nesse processo intuitivo, é muito importante ter clara a pergunta. Qual saber está embutido aqui e eu não estou vendo? É preciso aceitar a consciência do não saber. Fazemos, então, uma pergunta para o que chamamos aqui de uma instância superior. O professor Edson me diz acreditar que, usando o exemplo do objeto que manuseava, aquele aparelho estava impregnado do saber de quem o fez. A resposta estava ali. Com a intuição, abrimos o canal para o diálogo no invisível.

Pergunto a ele por que será que nos interessamos tanto por um tema como esse. O engenheiro me responde que essa busca faz parte de um desejo de sair das armadilhas do que é "automático na vida". Padrões que aprendemos, que seguimos, mas que podem nos levar a uma total falta de sentido em determinado momento.

Sem a possibilidade da contradição e de aceitar o não saber, "vivemos essa loucura que você conhece", Edson reflete. A realidade de pessoas trabalhando o tempo inteiro, correndo atrás de "qualquer coisa", uma vida que começa às 6h da manhã, com idas à academia, ao trabalho, participação em reunião, desenvolvimento de diversas funções, se alimentar, chegar em casa cansado, dormir, acordar no dia seguinte, e dá-lhe entretenimento para nos desviar da percepção de tamanha falta de sentido.

Ou seja, as pessoas não conseguem descansar no vazio.

Para meu entrevistado, a intuição traz paz e tranquilidade. Mas há um ponto que ele acredita ser fundamental. "Eu não sou o que eu era, nem sou o que eu vou ser no futuro, mas consigo repousar em paz na sabedoria de que sou o vazio; nessa realidade, eu consigo ter paz, tranquilidade e prazer. Tenho prazer em ficar olhando as árvores, contemplando o movimento das pessoas. Você não precisa ser nada para apreciar o que o momento lhe traz no presente."

Gusella sentencia que, sem intuição, giramos em torno apenas do conhecido, do racional. Se quero dar espaço para o novo, preciso entender essa postura de que *não sei*, preciso me questionar, me perguntar sobre o que mais pode ser aprendido, sabido, o que não estou vendo. Preciso dar espaço para uma vida mais significativa. A intuição não é a única, mas é uma ferramenta excelente para nos ajudar a sair da loucura de uma vida no automático. Depois que aprendemos a manter a mente aberta e receptiva, nunca mais voltamos atrás.

Edson Gusella segue operando satélites e trabalhando com telecomunicações, mas também incansável pesquisador do sentido da vida. São polos que se retroalimentam dentro dele. Se a intuição funciona como ferramenta de descobertas científicas, também opera nas decisões do dia a dia. Usar o corpo como ferramenta é fundamental.

CAPÍTULO 13

Respiração nas decisões intuitivas

"Como alimentar a intuição para que ela seja bem-nutrida e responda aos nossos pedidos de que esquadrinhe as cercanias? Nós a alimentamos de vida – ela se alimenta de vida quando nós prestamos atenção a ela. De que vale uma voz sem um ouvido que a receba?"
CLARISSA PINKOLA ESTÉS[116]

Depois da pesquisa para este livro, me parece claro que, tanto no caminho do sagrado quanto no caminho da razão, aprimorar nossa atenção, nossa percepção, nossa presença dentro do corpo é fundamental para estimularmos a intuição, essa capacidade que nos confere sabedoria e nos leva para uma experiência direta com o conhecimento.

Nossas relações com os outros mudam quando o prisma pelo qual olhamos é a intuição, pois começamos a nos entender como sistemas integrados, campos interligados. **Somos**

natureza. Passamos, com o tempo, a não tolerar aquilo que sabemos nos agredir, mesmo que não esteja materialmente à frente dos nossos olhos. Aprendemos a sentir a sutileza da vida, onde moram as respostas. Não aceitamos mais ficar doentes porque o meio nos oprime. Vamos trilhando um caminho de soberania de nós mesmos.

O olhar intuitivo nos chama para o entendimento de que, por exemplo, em nosso ambiente de trabalho, somos parte de um corpo, interagindo, trocando, uns se retroalimentando das energias dos outros. Respiramos o mesmo ar. Trocamos informações mesmo quando não estamos falando.

Faz-se necessária a pergunta: quão saudáveis são agora, neste momento, as pessoas do meu entorno profissional? Quão saudável sou eu mesma no ambiente onde e com o qual interajo? Quando pergunto sobre saúde, não me refiro apenas à saúde física, mas também à saúde emocional e comportamental de todos nós.

Paro por um minuto.

Presto atenção à minha respiração. Ela me preenche, me enche de presença. Adoro o exercício de respirar consciente e me sentir dentro do meu corpo.

Pare um instante. Respire.

Sinta a conexão com essa velha e sábia tecnologia.

Observe. Faça um breve exercício. Inspire em quatro segundos pelo nariz. Expire em oito, devagar, também pelo nariz. Repita esse movimento cinco vezes antes de prosseguirmos.

Talvez você tenha se sentido inquieto, ansioso, agoniado, ou pode até mesmo não ter conseguido terminar o exercício e quis avançar para as próximas linhas.

Esse algo inato em nós, a respiração, pode ser uma das chaves mais poderosas para a reconexão com a consciência do nosso estado, uma reconexão do corpo com a intuição.

Estamos exaustos de tantas informações. Eu, pelo menos, estou. Se você chegou até aqui, sinto que somos vitoriosos. Quando converso com as pessoas sobre minhas pesquisas no campo da comunicação, sinto o cansaço, como se todos estivessem fartos de mais e mais informação. Começo a falar, muitos nem querem saber. Eu mesma sou assim. Mais um podcast? Mais um canal do YouTube? Quem mais vai falar sobre o quê? O que vão tentar me vender nas entrelinhas?

Respiro mais uma vez.

Como já descrevi longamente em meu primeiro livro, o exercício da contemplação é uma ferramenta democrática e transformadora, em especial numa sociedade polifônica e ansiosa. Trago mais boas notícias: a segunda ferramenta mais disruptiva também é das mais universais e nos leva um passo além na jornada do ser mais intuitivo: a respiração.

Em entrevista à agência de notícias BBC, a neurocientista espanhola Nazareth Castellanos diz que nosso corpo é o instrumento que faz o som da vida, mas que não sabemos tocar.[117] Temos que aprender primeiro a conhecê-lo e, depois, a tocá-lo. Ela conta que publicou em 2023, com seu grupo de pesquisadores, um estudo científico sobre o poder da respiração lenta como analgésico em casos de dor crônica por discopatia (deterioração dos discos entre as vértebras). E, para as emoções, o importante é que o tempo que levamos para expirar, para soltar o ar, seja maior do que o tempo que levamos para inspirá-lo.

Em busca de entender na prática como a respiração se conecta com nossa intuição, converso com o preparador físico e especialista em respiração Márcio Faraco. Em início de carreira, ele ajudava executivos e pessoas ligadas ao Direito a passarem em concorridíssimos concursos públicos. Elas podiam ter muito conhecimento técnico e intelectual, mas, na hora das provas, nervosas demais, não conseguiam passar nos testes.

Hoje, morando em Garopaba, litoral de Santa Catarina, e ensinando pessoas de todos os lugares do mundo a respirarem melhor, inclusive atletas de ponta, Márcio descobriu na respiração a ferramenta que mudou completamente a sua vida e a de sua esposa, Paula.

Enquanto Márcio se especializou no treino da respiração, Paula foi pesquisar e trabalhar com os ciclos e a espiritualidade feminina.

Ele me conta que, quando cursava Direito, notava que colegas iam extremamente mal nas provas orais compostas de questões relativamente simples. Quando ele investigava a fundo, recebia queixas de que as pessoas tinham muito sono ao estudar durante a tarde, falta de concentração. Ao lhes perguntar sobre a rotina que seguiam, logo descobria que comiam alimentos extremamente pesados ou gordurosos, por exemplo. "Claro que elas teriam o rendimento físico e mental comprometido nas próximas horas com uma comida com alto índice glicêmico", ele me explica. Como eram pessoas desconectadas do próprio corpo, sem conhecimento sobre a própria fisiologia, tudo ficava desconexo na prática da rotina de estudos.

O corpo é uma máquina que precisa ser bem operada para que se obtenham os resultados desejados.

Mas o que isso tem a ver com intuição? Absolutamente tudo. Castanhos lembra que, nos anos 1990, o neurocientista português António Damásio fez uma série de experimentos a partir dos quais observou que pessoas com maior consciência corporal tomam decisões melhores.[118] A completa falta de escuta do corpo faz com que nossa percepção fique comprometida. Assim, intuitivamente, podemos perceber quando temos que descansar. Mas, se não escutamos, saímos da harmonia do corpo, cortamos a linha de conexão com o que é de dentro e com o que é de fora. Interessante que aquelas pessoas que prestavam concurso estavam completamente focadas nos processos mentais, mas acabaram abandonando o corpo físico, segundo Márcio.

Interessado em fisiologia desde que começou a utilizar de práticas meditativas aos 22 anos de idade, e percebendo que havia imensa demanda, Márcio bolou aulas de mentoria para pessoas que queriam passar em concurso público, utilizando técnicas de yoga e meditação.

O treinador conheceu o yoga quando saiu da faculdade e do exército. Na época, sofria muito com o próprio comportamento rígido e intolerante. Isso começou a gerar problemas em seus relacionamentos. Ele recorda que encontrar o yoga foi um divisor de águas em sua vida.

A intuição de sábios yogues, que há cerca de cinco mil anos decodificaram essa tecnologia, apontava que devemos desenvolver a integração entre a propriocepção, a interocepção – nomes científicos que só foram descobertos recentemente pela neurociência – e a respiração. Ao praticar yoga no passado, eles não tinham apenas fé. Tinham dentro do corpo a real ciência de que algo poderoso acontecia ali quando se equilibravam, reuniam e equalizavam os sentidos.

Com o yoga, afinamos nosso instrumento-corpo com a sinfonia do universo. Percebemos que, ao ganharmos flexibilidade no corpo físico, ganhamos flexibilidade nas emoções. Pessoas mais rígidas no corpo, em geral, contam com essa rigidez também no comportamento ou na mentalidade. Pessoas flexíveis demais, entretanto, podem ser muito permissivas na vida cotidiana. Memórias são ativadas a partir das posturas, e muitas conexões neurais que acontecem ali nos ajudam a trazer para a consciência fatos impregnados inconscientemente em nossas células. Rigidez, crenças limitantes, neuroses, obsessões, perseverança, paciência, alegria: tudo começa, aos poucos, a emergir da prática constante, num importante treino da auto-observação, que segue além do tapete.

Com o mergulho no yoga, nas técnicas de respiração e no treino de outras pessoas, o instrutor percebeu na prática os fatos que a neurociência vem comprovando: a atitude mental positiva diante do que resolvermos empreender é muito importante em nossos processos de evolução. Márcio me conta que uma postura cética diante das propostas pedidas interfere no resultado também. Estamos falando do sistema de crenças que conecta *soft skills* e *hard skills*, como me apontou a neurocientista Inês Cozzo em capítulos anteriores. Essa conexão não muda de uma hora para a outra. É um exercício de percepção e ajustes para toda a vida.

Márcio se diverte ao se lembrar da conversa que teve com um médico que desejava realizar com ele uma palestra dirigida para executivos de grandes empresas. Sugeriu uma série de slides em PowerPoint para a apresentação. Na mesma hora, Márcio corrigiu o rumo daquilo. "Do que menos aqueles executivos precisavam era informação; eles já são mentais, cerebrais demais. Eu precisava trazê-los para o sentido." Com isso, o instrutor propôs exercícios práticos para que se descobrissem, reconhecessem a composição do próprio corpo, percebessem onde está o diafragma, a musculatura intercostal, o que acontece no corpo físico quando hiperventilamos, quais são os sinais que o corpo dá quando respiramos mal, o que é uma crise de ansiedade gerada pela respiração disfuncional.

Aquelas pessoas precisavam ser trazidas para o campo da presença.

Estar presente é a busca, o caminho é a respiração, intimamente ligada à jornada de silenciamento da mente. A voz da intuição, a voz do sentir, fala muito baixinho quando num ambiente interno e externo tão ruidoso. O ser humano tem a habilidade de entrar em um lugar e de imediato perceber se deve ou não estar ali, se aquele ambiente condiz com sua presença. Mas perdemos esse faro por vivermos no modo do sistema nervoso simpático, **o modo de luta ou fuga**.

Trazendo isso para um exemplo prático, Márcio me conta que o normal, durante nosso dia a dia, seria respirarmos seis ciclos por minuto: inspirarmos pelo nariz em cinco segundos, exalarmos pelo nariz em cinco segundos. Esse ciclo ativa nosso sistema parassimpático, que é o modo da calma, da paz, da compaixão, da intuição. É chamada respiração sincrônica, quando conseguimos sincronizar o ritmo do coração com o ritmo do pulmão. "Podemos dizer que, com isso, sincronizamos nossa respiração com o ritmo da Terra, com o ritmo do pulso da Terra", Márcio me explica. Voltamos à origem animal, conectada à natureza.

Quando nos assustamos, respiramos rapidamente pela boca, certo? É a mensagem que mandamos para o sistema, de que precisamos lutar ou fugir. Pois, nos dias de hoje, respiramos nesse modo durante quase todo o dia. O instrutor me revela que, usualmente, as pessoas respiram num ritmo de 20 a 25 ciclos por minutos e pela boca. Isso mantém o corpo num sistema de estresse constante, com um despejo de adrenalina e cortisol a todo momento. Informamos para o corpo que estamos sob ameaça 24 horas por dia. Isso tem um efeito completamente nocivo.

O sono é outro ponto ligado à respiração e à intuição mais aguçada. Márcio costuma medir a qualidade de sono dos atletas que atende. Há pessoas que não conseguem ficar nem por 20 minutos no sono REM, que é a última fase do ciclo de sono, quando há o processamento das memórias, a criação de significado para as experiências vividas, quando sonhamos. Se não aprofundarmos o sono, há uma grande defasagem no processamento das emoções. Não tem como dormir bem respirando mal, segundo Márcio.

No livro *Respire: a nova ciência de uma arte perdida*, o autor James Nestor resgata textos médicos milenares e estudos científicos mais recentes nas áreas de pneumologia, psicologia, bioquímica e fisiologia humana para explicar sobre nossa função biológica tão mal usada.[119] É o livro de cabeceira de Márcio.

Passar a vida no modo luta ou fuga é incompatível com as percepções de sutilezas do ambiente, a mente não consegue focá-las. Se respiro pela boca, hiperventilando, meu corpo entende que está sob risco e vai priorizar o envio de sangue para as áreas periféricas responsáveis pela fuga – ou seja, pernas, braços –, o necessário para me defender. Com isso, a circulação fica prejudicada em áreas mais nobres, relacionadas ao processo criativo, como o cérebro e o pulmão.

Sem um corpo, não há intuição. E, dentro de um corpo, precisamos de potência para alcançar a alegria e o esclarecimento. Nossas principais fontes de energia são a respiração, o sol, o alimento e o pé na terra. São inúmeras as pesquisas científicas relacionando o contato dos pés com a terra a respostas mais eficientes do sistema imunológico.[120,121,122,123]

Se, por um lado, a ciência vê provas concretas dos benefícios que a natureza traz para nossa vida física e psíquica, como estamos nos alimentando dessas energias agora? Saber apenas com a mente não adianta. Precisamos com urgência colocar os pés na terra. Nos afastamos demais da nossa natureza. Vivemos de forma muito diferente daquela como a evolução humana aconteceu. Conseguimos perceber o corpo reclamar sobre isso e tomarmos uma atitude antes de chegarmos à depressão ou a um burnout? O que sua intuição lhe diz?

Nosso ciclo circadiano é a base para a regulação. Cada célula do corpo é regida por essa orquestra de regulação no tempo, da natureza. À luz do sol, secretamos determinados hormônios. Nossa inteligência e nossa intuição devem estar calibradas para, antes de mais nada, perceberem do que o organismo precisa.

Quando passamos o dia inteiro fechados em lugares sem natureza, o que é o normal para a maioria de nós, bloqueamos sinais naturais e, obviamente, causamos um descompasso interno, hormonal, que não vai manifestar a desarmonia de uma hora para a outra, mas o sintoma atual mais evidente é o sono desregulado. Eu mesma tenho uma mente absurdamente agitada e um sono leve. Em minha casa, determinei que tudo pode estar um caos, mas eu e minhas crianças começamos o processo de desacelerar às 19h30. Comemos bem levinho à noite. Vemos um filminho inspirador, desligamos tudo, conversamos na cama, lemos livros e, antes de cair no sono, ouvimos algo bem suave. Me disseram que isso se chama *higiene do sono*. Por volta das nove da noite já estamos dormindo.

Márcio também me recomenda caminhadas matinais, que podem ser de 10 a 15 minutos por dia, para a produção de serotonina. Estarmos expostos ao sol até às dez da manhã, aquele sol cheio de alma e prana que estimula nossa química, nossa vitamina D. Fazer pausas ao longo do dia.

O sentir é um processo ligado à potência feminina na psique. Márcio vem treinando e aprendendo cada vez mais a respeito disso com Paula, sua esposa. "A potência feminina existe em homens e mulheres. É uma energia criativa e sutil que todos temos, mas que precisa ser treinada, principalmente nos homens, que deixaram que ela se atrofiasse", ele me explica.

Paula Faraco conversa comigo e me conta que a intuição sempre foi um guia interior para ela. "É o poder inato da mulher selvagem, da mulher em seu estado mais cristalino e essencial. É a mulher que está conectada com seu instinto", ela me diz. Isso faz com que possamos perceber a vida por meio do corpo. Para isso, o exercício de estar presente é fundamental. Ela também treina a respiração e faz práticas de yoga. E muito mais: treina estar ancorada nos ciclos femininos – o que ela entende ser peça-chave quando falamos sobre intuição nos nossos dias.

"Confia", ela me diz. Precisamos prestar atenção ao sentir arrepios, frio na barriga, perceber quando entramos em algum lugar e ficamos desconfortáveis para não apenas descartarmos essas sensações. Precisamos evocar a nossa presença.

"Todo o meu trabalho é sobre voltar para o corpo", ela me explica.

> A intuição é o tesouro da psique da mulher. É como instrumento de adivinhação. Como um cristal através do qual se pode ver com uma visão interior excepcional. Ela é como uma velha sábia que está sempre com você. Que lhe diz exatamente qual é o problema; que lhe diz exatamente se você deve virar à esquerda ou à direita. É uma forma da velha que sabe, daquela que sabe, da mulher selvagem.[124]

Em *Mulheres que correm com os lobos*, Clarissa Pinkola Estés nos dá uma mensagem para nosso tempo. O poder essencial da mulher que foi sufocado por vários motivos. Paula trabalha com os ciclos femininos e seus arquétipos. Ela me explica que existem quatro arquétipos principais no ciclo menstrual e que um deles é o da *bruxa anciã*. É a sabedoria intrínseca que carregamos no corpo, no ventre, a sabedoria das mulheres antigas, da ancestralidade. É o tempo que vibra como informação em nossas células.

Ouvir os sopros de nossas antepassadas é a respiração sutil que canta dentro de nós. Pensando sobre isso, é como seu eu evocasse cada história que vive em mim. Segundo Paula, muitas e muitas vezes deixamos de acessar essa memória ancestral por termos perdido o caminho ou por não termos cultivado essa escuta desde a infância. Escuta e honra do corpo.

Prestar atenção a como nosso corpo reage de diferentes formas ao longo do mês é uma ferramenta poderosa de auto-observação.

"A menstruação ainda é um tabu", Paula faz questão de reforçar. Tanto que muitas meninas sentem vergonha ao menstruar, tentam esconder. Porém, mais da metade da população mundial é de mulheres, que menstruam por mais da metade da vida. Como esse assunto pode ser tabu?

Basta ser mulher para saber que crescemos numa cultura em que menstruar é estranho, tememos o vazamento de sangue. É sujo, é dolorido. E por aí vai. Paula recebe muitas mulheres que, em seus processos terapêuticos, revelam o desejo de não menstruar. A terapeuta me explica que todo o sofrimento físico e emocional da conhecida tensão pré-menstrual é sintoma de como tratamos nosso próprio corpo e os nossos ciclos.

Essas dores vêm como resposta à nossa ignorância em relação às sutilezas do que o corpo comunica. "O natural é sangrarmos fluidamente, o sangue que é a própria vida", Paula reforça. Mas o que acontece é que vivemos numa cultura que nos incute o medo de engravidar, medo do nosso poder de criação, de sermos abusadas, estupradas, são diversos os medos que atravessam nosso corpo. Como pode acontecer um fluir natural do sangue, da nossa criação, da nossa intuição dessa forma?

O tabuleiro do jogo da vida ainda não tem regras que contemplem o feminino.

A menstruação é o ciclo de vida, da morte e do renascimento dentro de nós mesmas a cada mês. O sangue é uma vida que não veio. Esse momento de silêncio precisa ser respeitado. Nosso ciclo é regido pela secreção alternada de quatro hormônios principais, e podemos atribuir a cada uma de suas fases um arquétipo diferente.

No primeiro momento do mês, nossa fase folicular é a primavera: estamos no arquétipo da menina. Nesse momento, em que o hormônio luteinizante flui em nossa corrente sanguínea, estamos ativas, guerreiras, prontas para lutar. O arquétipo da menina é focado nos próprios objetivos, para as ações externas, mais egoísta e voltado para as conquistas.

No segundo momento do mês, durante a ovulação, podemos perceber a prevalência do arquétipo da mãe. É o verão do ciclo. Período mais fértil para engravidarmos, mas também para termos boas ideias. Temos uma boa capacidade de nos relacionarmos, de fazer pontes, de mediar e analisar, de entender além do que é dito. Ótimo momento para fazer reuniões, atender e acolher os outros.

Na semana em que chega a TPM, os dias que antecedem a menstruação, estamos no outono, nosso entardecer, nos deparamos com a feiticeira, a mulher selvagem. Hora da intuição, de começar a se aquietar, de buscarmos um pouco mais de concentração e introspecção. A energia começa a se voltar para o mundo interior. Aqui, precisamos de silêncio, e é nessa hora que a intuição se expande fortemente. É o momento em que nossa consciência se volta para o que é de dentro.

Chegamos então ao inverno, à nossa anciã. Quando a menstruação acontece, momento de recato para o corpo, que vai se desfazer e se regenerar. Lembrando que todo o processo pelo qual passa o corpo físico também passa a nossa psique. Nesse momento, nosso intelecto fica ligeiramente desfavorecido, mais lento. Por outro lado, nossa abertura ao que é imaterial fica muito expandida.

Precisamos estar presentes na caverna; é a anciã que vai nos dizer o que devemos fazer quando voltarmos a renascer meninas, no novo ciclo que vai começar. É o momento de balanço do mês, de revermos tudo o que fizemos e o que não fizemos, o que deve ir embora e o que deve ficar.

Para homens, que não têm o ciclo da natureza tão marcado no corpo com a menstruação, o observar das fases da lua e de como possivelmente suas emoções mudem ao longo do mês pode ser um exercício valioso nesse sentido.

O treino da inteligência do coração vai nos trazer a capacidade de obter respostas para as mais diversas situações em que não sabemos o que fazer e para essa angústia generalizada que é o viver nos nossos dias. O amor em essência. Sempre que me falta amor, adoeço.

Podemos criar uma rotina com técnicas diárias de respiração, meditação, jejum, yoga ou alguma prática do corpo para mantermos a frequência mais alta.

Paula me alerta que, se não estivermos em nossa força, confiança, com o autovalor calibrado, dificilmente conseguiremos ouvir e acreditar na intuição. Quando estamos fragilizados, sempre vamos ouvir a voz externa como a mais forte. A espiritualidade feminina, nos trabalhos do sagrado, é uma espiritualidade livre, que propõe uma conexão com o mistério sem intermediários. A espiritualidade enquanto ferramenta de poder institucional ou de senso de superioridade não existe. Não há pastores, padres, rabinos ou bispos em nossa comunicação com a potência da criação. A espiritualidade feminina propõe o saber intuitivo com a terra, cooperativa e interdependente, que vai diretamente à fonte do conhecimento, por via direta e individual.

Com essa consciência, pode ser que surja a necessidade de fazermos ajustes em nossa vida; talvez mudar de emprego ou de cidade seja uma opção. Talvez somente tenhamos clareza do longo percurso que precisamos atravessar para o autoconhecimento. Outras vezes, descobrimos que pequenas mudanças de rotina ou de jornada de trabalho já nos colocam no eixo de equilíbrio. Mudamos o círculo de amigos ou a alimentação. A intuição vai dizer, a partir das vozes ancestrais que permeiam nosso corpo, o que pode pavimentar um caminho mais pleno para a vida.

"Ouça seus ciclos", Paula me diz. "Observe a frequência de seus desejos", Márcio Faraco me recomenda. Gosto demais da conversa com esse casal inspirador. É voltar a uma simplicidade da natureza. Respiração e ciclos da lua e do corpo. Eu me sinto muito conectada à forma como eles vivem e olham para a realidade.

No caso de Paula e Márcio, o casal entendeu, após o nascimento dos filhos, que não era possível continuar a viver na cidade grande. As razões, inúmeras. Desde o custo de vida em Porto Alegre até a poluição, excesso do uso de telas pelas crianças e os valores da sociedade que já não faziam muito sentido para eles.

Sentindo o que o pulso do sonho lhes dizia, depois de muitas conversas, entenderam que o chamado da intuição era para estarem mais perto da natureza.

Decidiram se mudar para o litoral, onde o contato com o mar era constante e onde poderiam acompanhar de perto o crescimento e a educação dos filhos, praticar e treinar os outros na respiração, mergulhar nos retiros sobre o sagrado feminino. Não foi uma decisão fácil, muito menos óbvia. Eles mudaram drasticamente de vida, de círculo de amigos, de valores.

A intuição foi guiando os caminhos e ajudando a transformar suas crenças. O estilo de vida que eles desejavam passou a florescer com mais harmonia quando de fato decidiram se mudar: harmonia desde o contato interno e externo com a natureza até a relação dos dois como casal. Numa cultura que nos condiciona a buscar sucesso nas conquistas externas – carros, apartamentos e quantas viagens fazemos por ano –, quando algumas pessoas finalmente conquistam isso, se dão conta de que o caminho da realização somente pode se dar junto ao amadurecimento interior, pois, sem ele, nada que vier de fora vai tapar o vazio da falta de sentido.

É um avanço para dentro, que, quando acontece de forma paradoxal, beneficia a todos ao nosso redor.

CAPÍTULO 14

Medicina que olha para as estrelas

"Na vida cotidiana, não nos apercebemos da unidade de todas as coisas; em vez disso, dividimos o mundo em objetos e eventos isolados. Essa divisão é, por certo, útil e necessária para enfrentarmos com sucesso nosso ambiente de todos os dias, contudo essa divisão não é uma característica fundamental da realidade."

FRITJOF CAPRA[125]

"Glândula pineal, a sede da alma, o lugar onde moraria a intuição". Quem disse isso foi René Descartes, pai do pensamento cartesiano. Hoje em dia, sabe-se que a glândula pineal é um órgão endócrino, que produz a melatonina, hormônio que indica para o corpo quando ele precisa estar ativo e quando ele precisa baixar o ritmo para descansar de acordo com a hora do dia. A glândula também produz a DMT, a chamada molécula do espírito. Estas descobertas são relativamente recentes. Mas, muito antes disso, médicos e filósofos já eram fascinados pela pineal e andaram especulando sobre suas funções.[126]

No Brasil, o médico Sérgio Felipe de Oliveira desenvolve uma pesquisa sobre o impacto da glândula pineal na vida física, emocional, social e espiritual. Ele é médico pela Universidade de São Paulo. Especializou-se em anatomia, neuroanatomia e ultraestrutura cerebral. Desde a infância, foi influenciado pela espiritualidade e por fenômenos que não sabia explicar. Entendeu que o caminho da pesquisa científica poderia lhe ajudar a buscar algumas respostas. Na dissertação de mestrado, focou o estudo da ultraestrutura da glândula pineal humana com microscopia eletrônica.

Foi um estudo pioneiro. Não demorou a ser convidado como palestrante por instituições de renome nas Américas e na Europa, como a Harvard Medical School, a Antioch University e a William James College, instituições onde alguns de seus pesquisadores também buscam o intercâmbio de informações a respeito da glândula pineal humana e seus reflexos no organismo.

Doutor Sérgio fez também pesquisas acadêmicas e empíricas em seu consultório sobre os impactos da espiritualidade na vida dos pacientes; qual a fronteira entre a sensibilidade humana e as doenças da psique? Até que ponto podemos dizer que um sujeito tem uma sensibilidade excepcionalmente aflorada ou que possui um desequilíbrio psíquico? Essa pergunta guiou seus estudos e diagnósticos, e ele diz acreditar na intersecção entre medicina e espiritualidade, trabalhando juntas na promoção da saúde.

Hoje, como neurocientista, atua para ajudar pacientes com problemas, em geral, de ordem emocional ou psiquiátrica.

Sérgio Felipe usa a abordagem médica e o conhecimento espiritualista no olhar para o paciente.

"Tudo se trata de uma lembrança de quem somos e de onde viemos. Isso está na matriz do que é intuição", na visão do médico. Se nossa vida aqui no planeta começou com as moléculas que fundaram a bioquímica, qual a diferença entre a química da vida e a química que compõe os objetos inanimados?

"O tempo", ele me diz.

O tempo existe apenas para os seres vivos, para os seres sencientes. "O tempo é relativo ao processo de evolução, de transformação, de revolução, de metamorfose, que só acontece nos seres vivos", reflete. Nada veio do acaso, e ele não descarta a possibilidade de existir uma fagulha de consciência até em objetos inanimados. Porém, há uma autocracia da natureza que permite a diferenciação.

Ele me explica que a bioquímica é uma entrega do mundo mineral, que disponibiliza cadeias de carbono para a manifestação da vida. De acordo com suas pesquisas em astrobiologia, ao que tudo indica, as cadeias de carbono têm origem em moléculas compostas exclusivamente por átomos de carbono organizados em uma forma geométrica especial, o fulereno, cuja estrutura é mais forte que a do diamante.

Observe que interessante. O DNA possui uma pentose de carbono que também vem do fulereno. O mesmo fulereno que é encontrado no espaço interestelar. "Ou seja, o projeto da vida começa antes da Terra; começa no espaço", Sérgio Felipe me explica. É difícil pensar que a vida surgiu do acaso. Muito do que o pensamento humano científico busca é descobrir a origem da vida. Essa é a pergunta dos grandes cientistas. O que está por trás do funcionamento do Universo.

Sérgio Felipe é categórico em afirmar que a vida não surgiu ao acaso no planeta, pois isso é "estatisticamente impossível", pontua. Assim, a intuição, na visão dele, é uma lembrança, ou um flash da lembrança, de onde viemos e para onde vamos.

Talvez, a evolução, como a conhecemos, seja uma ilusão de óptica. Ele diz isso porque acredita que somos e sempre seremos seres divinos, mas, talvez, haja um delay, um atraso, para conseguirmos enxergar e reconhecer essa divindade. Por isso temos lampejos quando acessamos a intuição. Sérgio Felipe transita o tempo todo entre a ciência, a arte e a filosofia.

O médico questiona se os avanços científicos, principalmente os saltos tecnológicos que foram dados em momentos nos quais a subjetividade foi recalcada, de fato representam desenvolvimento. "Desenvolvidos são os países que, hoje, estão em guerra na Europa? Sociedades que perderam totalmente o vínculo com a natureza e se perderam de si? Ou desenvolvidas seriam as populações ribeirinhas que se encontram o tempo todo em sincronia com a natureza e não perderam a si mesmas? O que queremos dizer quando falamos em evolução?", ele me pergunta.

Seu ponto é forte e ecoa em minhas convicções pessoais. Gosto da vida nas cidades e do conforto que a modernidade me permite ter, mas não posso viver longe da natureza, que é fator vital para minha saúde e minha sanidade mental. Se me distancio dela, adoeço profundamente. Algo que aprendi a duras penas. O caminhar da humanidade até aqui me parece benéfico, embora seja paradoxal.

Se o ser humano deixar de existir, a natureza continuará existindo, exuberante. Mas, se acabarem as minhocas, a natureza desaparece. Assim, cabe a pergunta: quem é de fato importante na escala da vida no planeta? Quando ampliamos nosso olhar para a cadeia da vida e da consciência, a ideia de evolução embasada pelas teorias de Darwin, de que vence o mais forte ou aquele que é mais capaz, começa a ser colocada em xeque enquanto única visão sobre o desenvolvimento da espécie humana.

Sérgio Felipe relembra uma grande coincidência na história da ciência. Alfred Russel Wallace, biólogo, matemático e naturalista, fez praticamente as mesmas descobertas que Darwin, ao mesmo tempo. Isso, por si só, foi tremendo. Os dois se correspondiam e, ao se dar conta de que o manuscrito de Wallace apresentava uma teoria praticamente idêntica à dele – aquela em que vinha trabalhando, em grande sigilo, ao longo de vinte anos –, Darwin conversou com colegas cientistas influentes que entenderam que seria interessante uma apresentação simultânea dos trabalhos à Linnean Society of London, o mais importante centro de estudos da Grã-Bretanha.

Assim foi feito, e os dois cientistas seguiram com uma troca de cartas ao longo da vida. Em alguns círculos científicos, Wallace acabou sendo relegado ao papel de um simples estímulo para a teoria de Darwin, mas a realidade é que ele desenvolveu as próprias concepções sobre a evolução e era considerado pelo próprio Darwin um pensador de primeira grandeza. Darwin e Wallace trocaram conhecimentos e estimularam as ideias e teorias um do outro por um longo período.

Wallace tem uma biografia interessante. Foi ativista social e estudioso da espiritualidade. Por isso mesmo, sofreu um "cancelamento" na época. A tentativa de correlacionar suas descobertas com observações espiritualistas apresentava incongruências, segundo os cientistas da época. Isso foi o bastante para que todo o seu trabalho fosse rechaçado. Suas teses não foram aceitas, e ele passou a ser visto com preconceito. Quando, em determinado momento, passava por profunda dificuldade financeira, foi Darwin quem intercedeu por ele no governo para que ganhasse uma pensão por suas contribuições para a ciência.

"Uma das teorias que Wallace formula é que a evolução se dá por cooperação. Para ele, a natureza não deveria ser consumida. Nós fazemos parte dela", Sérgio Felipe me explica.

Quem estava certo? Quem estava errado? Será que as duas teorias deveriam coexistir? Para falar de intuição, não podemos esperar apenas um ponto de vista, segundo o médico. Precisamos qualificar de que ponto de vista falamos sobre a realidade. A intuição é um poder de conexão com a verdade. Mas pode ser confundida por um viés de confirmação quando não plugada em grandes valores universais. Como vimos ao longo deste livro, podemos traduzir o saber intuitivo como uma percepção extremamente aguçada dentro do corpo, mas também como uma conexão com algo muito maior, incognoscível, que nos revele algumas leis pelas quais o Universo se orienta. Grandes cientistas tentam traduzir essas leis, muitas vezes sem completo sucesso.

Fato é que precisamos estar atentos à realidade para ouvir a voz da intuição. "Quando um vírus surgido numa pequena cidade no interior da China infectou a rainha da Inglaterra e o Presidente dos Estados Unidos, demos início a uma Revolução Copernicana 2.0, na minha opinião. Vivemos uma transformação sobre a nossa noção de vida no planeta", o neurocientista reflete. A Revolução de Copérnico aconteceu nos anos 1540 e eliminou a ideia de que a Terra era o centro do Universo, colocando o Sol como o centro do Sistema Solar. Aquilo mudou a forma como a sociedade entendia a realidade. "Estamos a passar por uma nova revolução do pensar e de perceber como se dão nossas conexões no planeta. A partir da pandemia, houve a compreensão de que nenhum país é mais importante do que o outro. Qualquer povoado pode acabar com o planeta Terra." Assim, Sérgio Felipe diz que a cooperação, e não a lei do mais forte, é um valor que somente agora começa a ser entendido. "Hoje, cientistas se preocupam até com uma geleira esquecida na Antártida, pois ela também pode acabar com o planeta", conclui.

Com qual verdade estamos nos conectando? De que degrau olhamos para ela? Quão condicionados estamos para qualificar a realidade e enxergá-la? Nesse sentido, estamos, talvez, voltando a olhar para a intuição. Num mundo tão tecnológico, resgatar um olhar transcendente vai fazendo cada vez mais sentido e nos leva para o que é genuinamente humano – ou super-humano.

Isso a que eu venho chamando de intuição ou percepção empática surgiu com a descoberta do fogo, no entendimento de Sérgio Felipe. Foi no momento que o ser humano pôde se reunir em círculos e olhar nos olhos uns dos outros. O fogo afastava o perigo dos animais, e a comunidade se sentia mais segura para se reunir. Antes disso, o processo intuitivo se dava na relação psicofísica com a relação geofísica, assim como os pássaros que migram pelos eixos geomagnéticos do planeta guiados pela glândula pineal. O ser humano, guiado pela pineal, também tinha uma relação com a estrutura geofísica do planeta, para que pudesse migrar de um ponto e chegar a outro. A intuição estava muito ligada a ter os pés na terra.

Foi quando as comunidades começaram a se formar que os olhos nos olhos entre humanos projetaram a percepção intuitiva do espaço geofísico para a alma uns dos outros. Com a percepção do outro, a humanidade começa a desenvolver mais um grau de sua inteligência.

O médico acredita que as ciências, de maneira geral, precisam ser retomadas com essa visão sistêmica. O homem é parte indissociável do meio. Porém, a ciência tem grande dificuldade de lidar com os mistérios da alma. "Hoje, a ciência não abriga a humanidade, pois coloca a separação entre o normal e o patológico Quem vai abrigar a humanidade é a arte. Porque a arte abriga o diferente", reflete.

Quando se fala sobre ciência, é preciso fazer uma importante separação, um alerta. Uma coisa é a objetividade da ciência, importante ferramenta que nos leva a entender os fenômenos e nos garante a qualidade do resultado dos experimentos realizados. Outra coisa é o reducionismo ao qual certos projetos recaem e cristalizam dogmas, como vimos amplamente no Capítulo 4. Esse é o ponto a que cabe a crítica. Outra coisa ainda pior é a pseudociência, que se vale de argumentos científicos fragmentados para embasar teorias que estão longe de comprovação e que pipocam nos dias de hoje em canais do YouTube e páginas de redes sociais. Pura desinformação.

A objetividade é o que nos leva a obter acesso à verdade. "Mas não chegamos à verdade de forma reducionista e nem dentro da busca por poder", Sérgio Felipe me explica. A inteligência é fundamental na ciência. Já o reducionismo não serve para responder a grandes perguntas.

Por isso a dificuldade de falarmos sobre assuntos relativos à alma de maneira científica, pois são fenômenos que não são possíveis de comprovar num experimento em laboratório – pelo menos por enquanto. "A ciência não tem escopo para isso. É por isso que, de tempos em tempos, temos uma pessoa que estuda bactérias falando que psicanálise é pseudociência", o médico alerta.

A falta de noção de que nosso corpo está localizado e opera dentro de um sistema dá margem a muitos equívocos, segundo o médico. "Nosso corpo é um abraço da natureza à nossa disposição", ele me diz. Isso se dá porque a maior parte das nossas células não contém nosso DNA: pele, boca, estômago, intestino, todos esses órgãos são habitados por bactérias. Assim, o que nós fazemos é administrar um ecossistema. O ar que respiramos é um acordo entre as cianofíceas do fitoplâncton, que produzem de 50 a 70% do oxigênio que respiramos, e uma estrela de quinta grandeza, o Sol. Quanta informação é trocada nessas interações.

No caso de nosso cérebro, Sérgio Felipe gosta de compará-lo a um computador. Nele, precisamos instalar um software, um programa imaterial. Quem instala esse software é alguém que está fora do computador. Ele lembra que, segundo o teorema de Gödel, a consciência de um sistema não pode nascer dentro dele por uma improbabilidade matemática. Com o cérebro, seria a mesma coisa, "a nossa consciência deve vir de fora do corpo por uma improbabilidade matemática".

Somos uma máquina analógica extremamente complexa; não somos apenas uma máquina material se pensarmos nos mistérios de onde vem a consciência. Mas somos parte da natureza, disso não nos resta a menor dúvida. Há alguns anos, temos destruído a natureza. Mudando-a, em consequência, mudamos também as estruturas de funcionamento do nosso corpo. Com a epigenética de uma natureza destruída, começamos a ter epidemias mudando nossa própria genética, desde o aparecimento do câncer até mudanças na genética cerebral. Chegamos, então, a esse momento de explosão das neurodiversidades. Torna-se imprescindível para as pessoas neurodivergentes o contato e a reintegração com a natureza, assim como o contato com a visão espiritual e sistêmica para seu próprio reequilíbrio.

Isso é a própria natureza operando para sua regulação.

O que mais se vem falando a respeito de crianças neurodivergentes, por exemplo, é dessa urgência de contato com a terra. Gosto da sentença de um médico que é uma fonte recorrente em meu programa, o pediatra Daniel Becker, que inúmeras vezes me disse que as crianças da atualidade não sofrem tanto de déficit de atenção; elas sofrem de déficit de natureza.[127]

Sérgio Felipe acredita no mesmo. O pesquisador me explica que o cérebro nos disponibiliza frequências de onda. A cada hora e meia, ele produz a emissão de ondas alfa (7,8 a 12 Hz) – a mesma frequência do campo frequencial da natureza. Quando estamos em alfa, estamos num estado contemplativo, vemos o invisível, percebemos estados de melancolia nos outros, captamos informações muito sutis.

Com as ondas teta e delta, vamos ainda mais profundo. Uma pessoa que tem uma dinâmica mais poderosa nesse terreno terá déficit de atenção no dia a dia. "E o que estamos vendo nos consultórios médicos é a mesma coisa que vemos ao recebermos em casa um hóspede que é maior do que a cama. Para fazê-lo caber, cortamos suas pernas. É isso que estamos fazendo com os diagnósticos e a medicação para uma parte das crianças neurodivergentes." Onde está a intuição de médicos operando aí? Que tipo de medicina estamos praticando nessa seara? Como estamos olhando para a integralidade dessa pessoa que aparece com sintomas desconfortáveis?

Medicina é mais do que ciência. "Ela precisa lidar com outras dimensões epistemológicas. A medicina é uma arte baseada em ciência", dr. Sérgio reflete. Quando fala sobre a busca da alma e de como podemos diagnosticar e tratar essa esfera do ser, ele me dá um exemplo de experiências que não conseguimos reproduzir em laboratório. Por exemplo, não conseguimos provar cientificamente o sabor de uma laranja. Ou a pessoa come a laranja, ou então ela nunca vai saber. "O que quero dizer com isso é que tem certos saberes que não são possíveis de se alcançar pela epistemologia de bancada", conclui. Mas não é por isso que eles não existem.

Fato é que ainda estamos longe de comprovar a intuição ou o espírito em laboratório, pois são experiências subjetivas. É uma autodescoberta, uma outra epistemologia. "É aí que entra, por exemplo, a psicanálise. Uma experiência vivencial única do ser. Ela não está na mesma base epistemológica de acesso ao saber que você usa na química ou na biologia."

A partir desse raciocínio, o dr. Sérgio Felipe traz como reflexão a necessidade de não confundirmos diagnóstico com classificação. A classificação se dá pelos nomes, como TDAH, autismo, depressão. É genérica e estática. O diagnóstico é entender como aquilo vai se aplicar a cada pessoa. Aqui entra a intuição na prática. É necessário entender como determinada classificação opera em cada pessoa, e só assim fazer o diagnóstico. Tratar apenas a classificação, como vemos muito hoje em dia, pode gerar para o paciente ainda mais adoecimento.

Segundo o médico, a natureza funciona em um esquema de compensações, o que também acontece com o corpo humano. Por exemplo, se uma pessoa perde a visão, ela passa a ouvir melhor; se ela é surda, enxerga melhor. O médico me explica que, sempre que existe uma disfunção de um lado, você terá uma potencialidade em outro nível. Quando usamos o termo "deficiência mental", enterramos a pessoa para suas potencialidades. Em vez disso, se falarmos que a pessoa possui uma "inteligência diversamente capacitada", passamos a ter a missão de encontrar para onde foram suas potencialidades, pois elas estão ali.

Abrimos terreno para explorar talentos e múltiplas inteligências.

Aqui, a intuição se traduz num eixo fundamental para nortear médicos e médicas: diante de um diagnóstico, identificar o problema, claro, mas buscar como ajudar a pessoa a encontrar as próprias potencialidades. Isso se dá por meio da prática médica aliada ao treino da intuição. Dr. Sérgio Felipe é um exemplo vivo disso.

"Eu vivo de enxergar através da parede. Eu preciso enxergar a pessoa que está por trás do problema. Apesar de ter repercussões com marcadores biológicos, são problemas imateriais. Eu preciso enxergar além daquilo", diz o neurocientista, que acredita que o termo "intuição" seja até mesmo pobre para expressar tantas habilidades da nossa percepção. "Nosso poder de conexão é muito maior do que o senso comum chama de intuição", ele me diz.

Chegamos com isso à glândula pineal. Para explicá-la, precisamos voltar ao assunto do qual falávamos no começo da conversa: o tempo. A pineal é a glândula que secreta melatonina, regulando nosso ciclo circadiano. É por meio dela que sabemos quando é dia e quando é noite. É ela que nos conecta com o meio, com o céu, com o cosmos.

"Para assumirmos a essência orgânica do tempo, precisamos olhar menos para o relógio e mais para as estrelas", diz o dr. Sérgio Felipe. Quando paramos de olhar para as estrelas, passamos a ter um problema seríssimo. Perdemos a consciência cósmica. Nossa cognição cósmica foi deixando de ser exercitada e ficamos cegos a ela. "É como não ensinar arte ou educação física para uma criança, ela perde essa cognição", complementa.

Essa perda de consciência é a perda da memória de onde viemos. As estrelas estão intrinsecamente ligadas à nossa memória, pois trazemos o céu no corpo. A glândula pineal, segundo o especialista, é um rastreador do céu e dá a noção de tempo para nossas moléculas e nosso sistema. Ela não regula apenas o ciclo circadiano com a produção da melatonina. A gravidez, por exemplo, tem um ano lunar. Como o organismo sabe disso? Pelo diálogo que tem com o meio.

Todos os seres vivos têm glândula pineal ou alguma estrutura equivalente; mesmo os unicelulares. A natureza é como uma orquestra de muitos instrumentos musicais. Um maestro precisa gerenciar as dissincronias da orquestra. O maestro da nossa sinfonia-natureza é o céu, o objeto comum a todos os seres do bioma.

Quando, naquelas rodas de comunidade estabelecidas após a descoberta do fogo, começamos a usar a pineal para o magnetismo empático, expandimos a consciência que tínhamos da natureza para o sistema social. Essa percepção empática que a glândula pineal capta e que traz a atmosfera da intuição é uma percepção ligada ao meio, ao coletivo. Ela nos direciona, então, para o maestro, que nos coloca, como seres integrados ao sistema, diante desse algo maior que organiza a nossa vida.

O neurocientista sabe que suas teorias ou tentativas de encontrar respostas para grandes questões dialogam com os dilemas de nossa geração por uma vida com mais sentido, conectada a algo maior. Dialogam com as necessidades e muitas das enfermidades emocionais que chegam ao seu consultório. Ele próprio, um buscador dos mistérios da mente, dedica uma vida acadêmica e prática a desvendar o que vive e sente no corpo: tem uma intuição aguçadíssima e muito mais perguntas do que respostas.

Para o médico, o que deve anteceder a ciência é o amor, que começa quando você compreende o outro. Somente assim a ciência vai poder se estruturar e entender a vida de maneira sistêmica. "Porque não existe ciência sem colaboração, não se faz ciência com lutas de vaidade. Assim não se chega à verdade", ele me diz.

Nossa conversa é longa e inspiradora. Entre tantos fios que puxamos para falar sobre intuição, o dr. Sérgio ainda tem tempo de falar o que pensa a respeito de um assunto que eu tinha abordado apenas sob o prisma da espiritualidade feminina. Ele me fala sobre nossos ciclos e, em particular, o poder que as mulheres possuem em relação à intuição conectada ao cosmos. Ele me diz que, do ponto de vista biológico e psíquico, a mulher no período pré-menstrual é tal qual uma mulher grávida – ambas estão com o campo mental aberto para receber informações. No caso dos dias pré-menstruais, em que tantas mulheres sofrem com dores, indisposições e oscilações emocionais, temos, na verdade, um poder.

Como exercício para a intuição, poderíamos nos fazer algumas perguntas: o que desejo receber em mim nesse momento? O que quero alcançar? Quem eu sou?

Esse é um momento de grande poder, pois toda a energia do corpo é própria para uma percepção mais clara. Ao nos questionarmos "quem eu sou", temos uma ferramenta para sair da confusão da mente, que oscila demais. Se podemos analisar a mente é porque não somos ela; somos observadores dela.

Dr. Sérgio olha para o corpo e para os ciclos como um cientista que também olha para o céu, pesquisa a glândula pineal e vê o que acontece na Terra e em seu consultório há mais de trinta anos.

É um exercício, e não uma fórmula mágica. É o trabalho do encontro com nossa essência. A partir do treino, podemos observar, captar e entender o que, no ambiente, nos perturba, nos distrai, nos entristece, nos enfraquece e por aí vai. Todo mundo pode e deve fazer esse treino, mas a mulher no período pré-menstrual tem a abertura e todas as condições para fazer essa análise.

É como uma semente cuja casca apodrece para que de dentro dela possa sair o meristema, responsável pelo desenvolvimento da planta. É a oportunidade, mês a mês, de abandonarmos o que já não nos serve para que possa nascer o nosso eu mais essencial. A vida nos oferece esses ciclos para que possamos deixar as cascas para trás e trazer a essência para a superfície. É um exercício de percepção. Para isso, precisamos valorizar o tempo da auto-observação.

Enxergar a realidade nua e crua é necessário: de onde viemos, quem é nossa família, o que é a realidade do que vivemos hoje. Quando prestamos atenção, percebemos que o movimento da vida – muito mais forte do que a nossa própria força – nos colocou onde estamos agora. Isso é muito precioso de entender. Quando amadurecemos e conseguimos transcender o que nos aconteceu, mesmo que não tenha sobrado nada, há a nossa alma e a nossa força de vida.

"A gente se descobre nessa essência transcendente. Quando transcendemos, descobrimos a vida. Na fase madura, quando conseguimos enxergar esse segredo, nos perguntamos: e agora que descobri o que vim fazer aqui, será que dará tempo?", questiona meu entrevistado, inspirado no filósofo alemão Martin Heidegger.

O tempo.

O tempo e a intuição. Teremos tempo de descobri-la como atalho para alcançar esse lugar essencial em nós? Meus encontros com seres formidáveis ao longo da jornada deste livro me dizem que a intuição é tudo isso aqui. Agora. Ela joga e brinca comigo. Me observa. Me faz olhar para o céu. Espera meu desejo de acessá-la. Me espera estar pronta. Com inteligência, clareza e humildade.

Reflito sobre a beleza de enxergar a sinfonia que é a vida; tudo que me atravessa por meio da intuição. Olhar para o céu, saber que existem informações ali. Saber que médicos, psiquiatras, pessoas ligadas à espiritualidade se fazem perguntas muito semelhantes.

Minha conversa com o dr. Sérgio me traz respostas e também muita esperança. Somos potencialidades a serem ainda descobertas pela ciência. Muito mais do que tudo, somos a poesia de um criador elegante.

Nesse caminho de descobertas e palavras, saio das telas.

Piso os pés na terra. Olho para o céu. Deixo-me guiar por ele.

E chego à minha última conversa para este livro.

CAPÍTULO 15

IA: a inteligência ancestral

"Para os que cresceram no silêncio da floresta, a barulheira das cidades é dolorosa. É por isso que, quando fico lá muito tempo, minha mente fica tampada e vai se enchendo de escuridão. Fico ansioso e não consigo mais sonhar, porque meu espírito não volta à calma."
DAVI KOPENAWA YANOMAMI[128]

Chego a este capítulo com espanto ao descobrir que praticamente tudo o que pesquisei e descobri até agora tem uma fonte: o saber ancestral.

Visito agora o conhecimento indígena, uma sabedoria atávica sobre a Terra e o cosmos.

Do ponto de vista dos tupis-guaranis, somos filhos da terra, que é uma grande consciência. Assim como temos a herança genética de nossos pais, também recebemos uma herança da mãe Terra, a que os guaranis chamam de Nhandereko, que significa "nosso jeito de ser". Uma herança que fica impressa na alma, em nossa essência. Isso nos provê algumas qualidades, como a intuição, que, para eles, não é para pessoas especiais. É uma qualidade anímica, uma habilidade da alma que todos nós possuímos. O meio de nos conectarmos com todas as diferentes dimensões de existência.

A etnia guarani é uma denominação de um dos povos indígenas mais tradicionais e diversos das Américas. Historicamente, o povo guarani vivia em um território que compreende Brasil, Argentina, Bolívia e Paraguai. Converso com o escritor, ambientalista e conferencista indígena, Kaká Werá. Ele, que viaja por todo o Brasil levando grupos de pessoas para a natureza, me atende durante uma passagem por Manaus, Amazonas. É a última conversa que travo para este livro.

Com um silêncio e sabedoria naturais, ele me explica como alguns povos originários entendem a intuição, e me espanta saber que é um dos conceitos centrais para eles, uma linguagem e uma forma de receber informações importantes a partir da escuta da vida.

Na língua guarani, a palavra que representa alma é *anhang*, que significa também vibração. Em alguns casos, é até traduzida como fala ou linguagem. Assim, para a cultura guarani, a alma é a vida em nós além da forma. Nós não *temos* uma alma, nós *somos* uma alma. Essa qualidade vibratória da alma se expressa de quatro maneiras.

Kaká Werá me conta que, de acordo com os saberes tupi-guarani, a intuição é uma dessas expressões. Somos *intuição, emoção, fala/pensamento* e *sensação.* O sentir é uma herança, uma marca da alma que, assim como a intuição, é um dom que nos é dado. Já a capacidade de termos sensações (nossa sensorialidade) e a capacidade da *fala/pensamento* são habilidades da alma.

Na cultura indígena, somos microcosmo da mãe Terra. Tudo que está fora, está também dentro da gente. Cada uma dessas quatro habilidades psíquicas vem das forças da natureza. A *sensação* vem do elemento terra. É o que estrutura nosso corpo físico, o corpo material com minerais e substâncias; é o toque, a manipulação. A sensação material nos leva a sentir as emoções, nos desperta os *sentimentos*, que são o elemento água. Nossas emoções não são estáticas; flutuam tal qual um líquido, e têm muito a ver com as impressões que temos do mundo exterior e do mundo interior.

A *fala/pensamento* é o elemento ar, as ideias e a alma em manifestação. A *intuição* é o elemento fogo em nós, atuando a todo momento, mas, para acessá-la, são necessários o silêncio e a atenção. Muitas vezes, recebemos a intuição, mas estamos com a cabeça cheia de pensamentos, preocupações e deixamos que ela escape. Com a intuição, conseguimos capturar e compreender situações além das verbais. Uma capacidade de escuta do todo.

Na filosofia tupi-guarani, existem duas grandes expressões da consciência da vida: a mãe Terra, o princípio feminino que nos estrutura e sustenta a vida, e o grande espírito, ou Yamandu, que é o aspecto masculino, o céu. Essas duas dimensões se comunicam conosco por meio da intuição, segundo Werá. É possível aprimorar essa comunicação a partir de práticas contemplativas. "A intuição tem muito a ver com a escuta ativa, Petria", frisa Kaká.

De uns séculos para cá, o ser humano vem adormecendo o desenvolvimento das habilidades intuitivas e conturbando suas habilidades emocionais diante do ritmo frenético da vida. Segundo Werá, o ser humano vem adormecendo, se desvirtuando e adoecendo. Em relação às emoções, temos caotizado o sistema do sentir por causa de hábitos que nos levam a ficarmos presos em padrões emocionais. Essa água fica estagnada, como um lodo no organismo. Nossa *fala/pensamento* acontece, mas desconectada das habilidades de alma. A habilidade *sensação*, que é a atuação na matéria, resiste porque é fundamental para a nossa sobrevivência, mas temos perdido a plenitude dessa qualidade, uma vez que temos deixado de lado a sensibilidade e o contato com o belo, com as formas harmônicas e com a estética. Estamos nos desconectando da beleza que se manifesta numa paisagem, no canto de um pássaro, em algo que causa espanto ou admiração. A arte é o exercício de lapidar essa função sensorial.

Me espanto ao perceber a similaridade da filosofia tupi-guarani com a elaboração dos tipos psicológicos de Carl Jung. "Os guaranis não são junguianos, Petria, mas de alguma forma são, porque essa é uma sabedoria ancestral", Kaká Werá se diverte e me conta que, na verdade, foi Jung que bebeu fortemente de fontes xamânicas da Europa, tendo se inspirado na obra do escritor Mircea Eliade e do mitólogo Joseph Campbell. Jung foi um tradutor dessas sabedorias ancestrais para o Ocidente, que vinha numa onda cada vez mais reducionista logo após a Revolução Industrial. Tudo faz ainda mais sentido para mim.

O povo indígena, de maneira geral, tem um cotidiano que valoriza muito a escuta e o silêncio. Mesmo o jeito como as crianças brincam é plácido, silencioso. A pausa é muito valorizada. Kaká me conta que, se visitarmos uma comunidade indígena tupi no litoral de São Paulo, por exemplo, presenciaremos rodas de conversa que, na verdade, são rodas de silêncio.

O escritor já se divertiu levando grupos de pessoas a Parelheiros, em São Paulo, para conhecer sua aldeia e o modo de vida indígena. Quando chegaram, foram participar de uma roda. Houve silêncio. Os indígenas, então, acenderam o *petenguá* e seu tabaco sagrado, e rodaram o cachimbo entre todos. O ritual acontece exatamente da mesma forma que o médico Sérgio Felipe me explicou acreditar ser o nascimento da intuição: a partir das primeiras rodas em torno do fogo realizadas por nossos ancestrais.

Fato é que os visitantes ficaram loucos para fazer perguntas, para conversar, mas nenhuma conversa aconteceu naquele momento. Kaká reflete que, se houvesse alguma pergunta, os guaranis iam responder, mas a resposta teria uma cadência, um ritmo lento, devido à intrínseca natureza contemplativa do povo. Aquela não era uma roda de fala, era uma roda em que os indivíduos estavam apenas existindo em comunidade. Uma roda de existir, contemplando o silêncio, enquanto muitas outras conexões acontecem ali.

Outro causo engraçado aconteceu quando um indígena do povo xavante foi passar um tempo com Kaká, buscando morar fora da aldeia, numa espécie de intercâmbio cultural que os xavantes fazem quando alcançam os 15 anos. Kaká o levou para conhecer a Universidade de São Paulo, onde a sua ONG tinha um escritório, e almoçaram no refeitório com os estudantes. Na hora do almoço, notaram aquela conversa, falação, um baita bate-papo. O xavante, em silêncio, apenas olhava para Kaká. Quando voltaram ao escritório, com um misto de espanto e surpresa, ele perguntou: "Kaká, eles falam na hora de comer?".

Na hora de comer, o povo xavante *come*. Eles escutam o corpo e a alimentação. Fico atordoada com esse exemplo dado por Kaká sobre algo que é um hábito natural para esses povos. "Isso favorece manter aceso o aparelho intuitivo que nós temos", reforça Werá.

A palavra é sagrada para o povo tupi-guarani. Assim, o ato de falar não pode ser feito em vão. Não é hábito jorrar palavras ao vento, e costumo repreender minha filha mais velha quando desanda a falar ou faz demandas sem sentido. Divirto-me ao pensar que, intuitivamente, sempre venho ressaltando o caráter sagrado das palavras e como, nesse campo público ruidoso das redes sociais, estamos não apenas dessacralizando a linguagem, mas fazendo com que ela perca o lastro e o valor.

Esse treino de apaziguamento e contemplação facilita a capacidade intuitiva. No guarani, não há distinção entre fala/palavra e alma. Quando falamos, é nossa alma que está se expressando. Assim como as palavras em si, o ato de falar também é sagrado.

Falar sobre intuição a partir da perspectiva dos povos nativos é falar sobre aprendermos a cuidar de nossos silêncios. Quando falamos demais, perdemos a vitalidade. Isso atrofia a intuição e "esburaca nossas emoções". Kaká me explica que todos nós temos um silêncio intrínseco, que é o silêncio da alma. "Esse silêncio, na verdade, é a presença", ele me explica. Nossa cultura ocidental acreditou, de uma maneira muito profunda, que, para nos fazermos presentes, para existirmos, precisamos falar, fazer e nos expor. Apenas estar, mesmo em silêncio, é uma grande presença, é um cuidado com a nossa energia.

Existir é o ato de se colocar em sintonia com o tempo das coisas, o tempo da terra. Ouvir o tempo nos faz entrar em harmonia com o meio. "A desconexão do ser humano com a natureza chegou ao ponto de nada mais respeitar, nem o próprio tempo do corpo nem o tempo da terra. Sair dessa harmonia é cair em depressão ou em autocombustão com o burnout. É a desconexão da alma consigo mesmo."

O tempo nos ajuda a regular nosso ritmo. É o instrumento que nos auxilia na dança e harmonização da vida, de acordo com a visão indígena. O tempo, na mitologia guarani, é a emanação do coração da Terra. Segui-lo tem a ver com entrar na frequência da natureza. Para os xavante, o tempo também é um espírito que dá o ritmo do nosso tom. Existem oferendas, danças e cantos para o tempo. Assim como o planeta tem primavera, verão, outono e inverno, nosso corpo e nossa vida passam por essas fases, até mesmo dentro de um dia. Pela manhã, primaveramos. Ao meio-dia, veraneamos. Ao cair da tarde, outonamos. E invernamos ao dormir. Observar o tempo em si também é um treino de comunicação intuitiva que nos coloca em harmonia com o cosmos.

Na mitologia tupi-guarani, cada um de nós possui dois irmãos: *Nhanderuvuçú*, o mais velho, e *Nhanderequeí*, o mais novo. O irmão mais novo representa nossa personalidade, nosso ego. O irmão mais velho representa o espírito em nós. A intuição serve para conversarmos com esse irmão mais velho, essa sabedoria. Serve também para escutarmos o mundo, as palavras do céu e da terra. A intuição é a ferramenta que nos permite escutarmos o todo. Muitas das informações que os povos indígenas já nos trouxeram vêm dessa comunicação. Kaká Werá lembra as palavras e a obra de Davi Kopenawa Yanomami, que, há anos, trouxe uma informação, vinda da terra, possivelmente da conexão intuitiva, que somente agora a ciência comprova com seus aparelhos. Davi disse, ao final dos anos 1980, que seu povo havia sonhado que o ser humano fazia buracos no céu. Na época, ninguém, muito menos a ciência, falava em buracos na camada de ozônio.[129]

Essa escuta dos sonhos é uma dimensão intuitiva respeitada pelos povos da terra. É uma dimensão mais ampla, presente em cada um de nós, que não é capturada apenas pela razão, pelo intelecto. É muito mais do que isso. É a capacidade que temos de acessar o nosso Eu maior, ou, na linguagem tupi, *Nhanderequeí*, que tem uma percepção mais abrangente do que está acontecendo. Nosso ego tem uma percepção limitada, mas nosso espírito tem uma percepção ampla.

"Intuição é a escuta daquilo que é maior em você", Werá resume o que pensa e vive o povo tupi-guarani – uma síntese da minha busca para este livro.

Intuição é a escuta daquilo que é maior em você.

Eu me espanto por ter chegado até aqui. Não apenas por comprovar a importância da intuição como instrumento de inteligência humana para nossos dias, mas por relembrar cada conversa que se deu de maneira intuitiva para este livro; pela aposta que eu tinha e que, por meio dessas conversas, foram se comprovando uma verdade. Como sei o que sei. Precisamos da soma do intelecto com a intuição, da emoção com a sensorialidade. Da nossa brilhante ciência com a intuição por vezes inexata, mas tão precisa numa outra lógica. Precisamos resistir, construir beleza. Nada do que nos digam pode nos demover da ideia de que estamos neste mundo para torná-lo mais bonito. A beleza das formas externas, a beleza estética de altos valores interiores. Tão imperfeitos e precários, estamos aqui para nos lapidarmos.

As civilizações chegaram longe à base do petróleo e do concreto. Tudo o que podia ser construído à base de cimento e silício já o foi. Vamos muito além agora, por meio da poesia e da construção das belezas ainda mais elevadas, da conexão com o outro por meio de um ritmo mais suave e humano de vida. É preciso que haja uma interferência inteligente nesse modo frenético de existir, ou melhor, desse "dexistir" que vivemos hoje e que derrete nossa alma em depressão, fervendo em queimadas tanto as nossas terras quanto a nossa psique. Burnouts.

A intuição é um caminho de resgate da comunicação com o espírito mais elevado da Terra e do cosmos em nós, sem qualquer mediação, para criarmos uma sabedoria mais humana e divina. Uma política sensível, que não espera uma pandemia acontecer, que não espera enchentes catastróficas acabarem com quase todo um estado – mesmo com cientistas nos alertando de que teremos eventos climáticos extremos nos próximos anos. Não precisamos viver em estado de emergência. Podemos construir uma política que resulte da ciência e da intuição, que se planeja para as intempéries de um mundo incerto. **Inteligência e intuição a serviço da humanidade, e não do poder pelo poder.**

Como sei o que sei?

Pesquiso, converso, entrevisto. Faço perguntas. Não me canso de perguntar. Desacelero. Me ouço. Fico em silêncio. Sigo acreditando na construção de um mundo mais equilibrado entre razão e intuição. Feminino e masculino; tecnologia e natureza. Muita natureza. Pés no chão. Menos competição, mais cooperação.

Sigo em frente.

Me encontro com você neste ponto mágico, no aqui e no agora. Em um silêncio que, a depender da escuta, pode transformar toda a nossa existência.

Não quero mais saber a respeito de mim mesma com a intuição. Quero saber o que a natureza deseja de mim por meio de seus sussurros.

Eu me pergunto: qual é a língua que o espírito do nosso tempo usa para nos contar sobre a jornada de conexão humana com o cosmos aqui e agora? É tanto, mas é tão pouco que conseguimos escutar.

Precisamos viver uma vida de verdade. Eu preciso viver uma vida de verdade. Por isso, busco. Não me canso de buscar um certo tipo de experiência que defino como *integração*. Eu quero a experiência completa de estar viva. Não apenas parte dela. Com isso, me sinto em sintonia com grandes pensadores e questionadores do nosso mundo.

Em sua *A Odisseia do Sagrado*, o filósofo Frédéric Lenoir, expoente do pensamento francês da atualidade, realizou uma das pesquisas mais profundas sobre o sagrado na humanidade. Após o extenso trabalho, ele concluiu que:

> [...] é possível privilegiar a colaboração sobre a competição e permanecendo perfeitamente racionais. Da mesma forma que podemos ser simultaneamente cientistas e religiosos, filósofos e espirituais. [...] Nessa lógica, para Sócrates não havia nenhuma contradição entre ouvir a voz interior de seu *daimon* e continuar filosofando de maneira racional. Assim como para Spinoza, este panegirista da razão crítica, que não hesitava em afirmar que o modo mais elevado de conhecimento

> não é a lógica, mas sua oitava superior, a intuição, que é graças a ela que sentimos e experimentamos que somos eternos. [...] Após um longo período de predileção pela intuição e pelo pensamento mágico, em seguida quase exclusivamente pela razão e lógica analítica desde Descartes, o tempo de um pensamento reunificado parece ter enfim chegado.[130]

Respiro.

Sei o que sei. Vivemos um período de transição que nos exigirá grande sabedoria. Uma busca como nunca antes por nossa **humanidade**. Por nossa verdade. Por nossa bondade.

Como no início desta escrita, tirei uma carta do tarot assim que escrevi as últimas palavras deste livro. Perguntei: "Cheguei ao fim desta jornada?".

Se, no início, minha carta tirada foi a montanha – que arquetipicamente intuí que era a jornada que eu começava a escalar –, a resposta agora foi *A Estrela*: o desenho de uma linda mulher que, de olhos fechados, se inebria com uma noite de céu estrelado.

Oito estrelas brilham no céu.

Pedi uma interpretação para minha amiga psicanalista, poeta e taróloga Meliny Gabriel, que me explicou que *A Estrela* é uma carta que simbolicamente diz respeito à intuição, a seguir e se guiar pelas estrelas. Algo tão distante de nós, mas tão próximo, que nos lembra de que foi assim que as civilizações se guiaram nos primórdios. O céu que nos dizia o que deveria ser feito na agricultura, nos caminhos pessoais e nas guerras. Ela reflete que, com essa carta, a estrela aponta que este livro, que era meu, já está pronto para ir para o mundo. A linguagem simbólica se torna real, é agora material.

Intuição. É o fim, mas é só o começo. A fé renovada nos caminhos da natureza. A razão a serviço da harmonia da convivência. A humanidade usando a inteligência para descobrir a transcendência.

Incansáveis seguimos. Em buscar no mistério da vida novas histórias para nos inspirar. Para nos encantar. Não paremos nunca de nos fazer perguntas sobre o mistério que é estarmos vivos. No propósito alinhado com a bondade, no sagrado aliado à verdade, a intuição há de nos guiar.

"Aqueles que através dos olhos do **conhecimento** podem distinguir entre o campo e o conhecedor do campo, e que podem assim entender o caminho de liberação dos seres vivos da natureza material, tais pessoas alcançam o Supremo."

KRISHNA PARA ARJUNA[131]

Petria Chaves,

junho de 2025

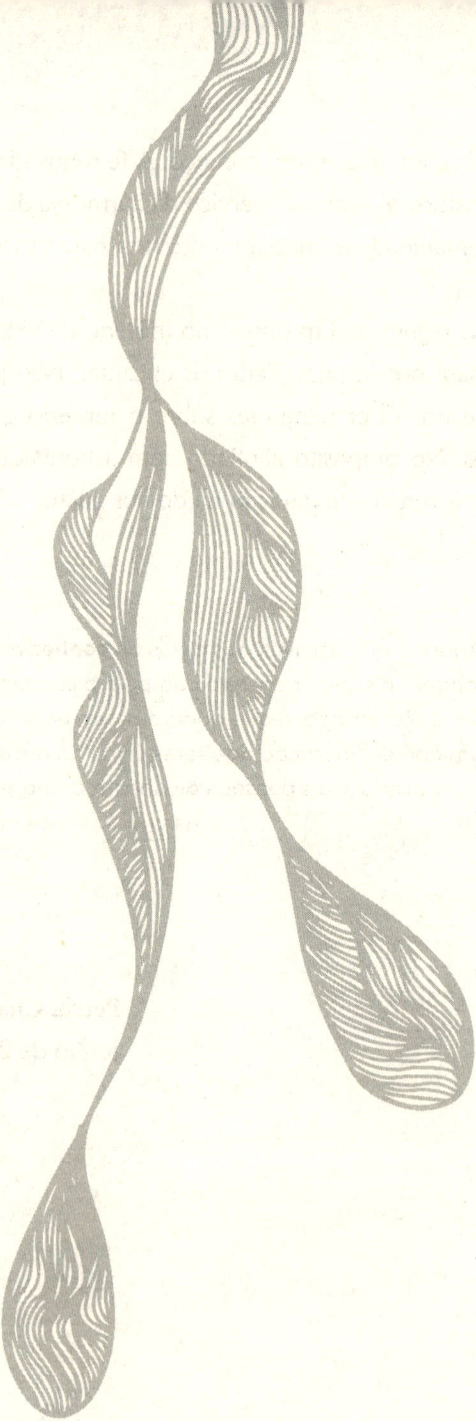

Notas

EPÍGRAFE

1 DVAIPĀYANA, Yāsa. *Bhagavad Gita*: a mensagem do mestre. Tradução de Francisco Valdomiro Lorenz. 22 ed. São Paulo: Pensamento, 2013. p. 111.

PREFÁCIO

2 MAHARAJ, Srila Bhakti Raksak Sridhar Dev-Goswami. *O tesouro oculto do doce absoluto*. Traduzido por Sripad Bhakti Vilas Tapasvi Maharaj. São Paulo: Editora Santuário, 2017. p. 35.

3 MEIRA, Silvio. Quando máquinas aprendem demais: notas sobre singularidade e superinteligência, 5 jan. 2025. Disponível em: https://silvio.meira.com/quando-maquinas-aprendem-demais-notas-sobre-singularidade-e-superinteligencia/. Acesso em: 14 maio 2025.

4 IAMARINO, Átila. [*S.l.*], 4 abr. 2025. Instagram: @oatila. Disponível em: https://www.instagram.com/reel/DIC8IXWsGfS/?utm_source=ig_web_button_share_sheet&igsh=MzRlODBiNWFlZA==. Acesso em: 14 maio 2025.

5 INTELIGÊNCIA vs. Consciência Artificial | Sadhguru Português. [*S. l.*: *s. n.*], 5 nov. 2023. 1 vídeo (14min36s). Publicado pelo Canal Sadhguru Português. Disponível em: https://www.youtube.com/watch?v=r9FZlvHlVfQ. Acesso em: 14 maio 2025.

CAPÍTULO 1

6 INTELIGÊNCIA vs. Consciência Artificial | Sadhguru Português. [*S. l.*: *s. n.*], 2023. 1 vídeo (14 min 36). Publicado pelo Canal

Sadhguru Português. Disponível em: https://www.youtube.com/watch?v=r9FZlvHIVfQ. Acesso em: 14 maio 2025.

7 GIOVANNI, Bruno. Em 5 anos, número de pacientes com ansiedade aumentou 200% no SUS. *BG*. [*S. l.*], 20 jan. 2024. Disponível em: https://www.blogdobg.com.br/em-5-anos-numero-de-pacientes-com-ansiedade-aumentou-200-no-sus/. Acesso em: 14 maio 2025.

8 CASEMIRO, Poliana; MOURA, Rayane. Crise de saúde mental: Brasil tem maior número de afastamentos por ansiedade e depressão em 10 anos. *g1*. [*S. l.*], 10 mar. 2025. Disponível em: https://g1.globo.com/trabalho-e-carreira/noticia/2025/03/10/crise-de-saude-mental-brasil-tem-maior-numero-de-afastamentos-por-ansiedade-e-depressao-em-10-anos.ghtml. Acesso em: 14 maio 2025.

9 INTUITIVO. *In*: Dicionário da Língua Portuguesa. Academia das Ciências de Lisboa. Disponível em: https://dicionario.acad-ciencias.pt/pesquisa/intuitivo [consultado em 21/06/2025]. Disponível em: https://dicionario.acad-ciencias.pt/pesquisa/intuitivo/. Acesso em: 9 jun. 2025.

10 KOCH, Christof. Intuition May Reveal Where Expertise Resides in the Brain. *Scientific American*, [*S. l.*], 1º maio 2015. Disponível em: https://www.scientificamerican.com/article/intuition-may-reveal-where-expertise-resides-in-the-brain/. Acesso em: 14 maio 2025.

11 ALVES, Ravenna. Intuição dos pais supera sinais vitais para prever doenças em crianças. *Metrópoles*, [*S. l.*], 30 maio 2023. Disponível em: https://www.metropoles.com/saude/intuicao-pais-detectar-doencas-criancas. Acesso em: 10 jun. 2025.

12 MILLS, Erin; LIN, Phyllis, ASGHARI-JAFARABADI, Mohammad *et al.* Association between caregiver concern for clinical deterioration and critical illness in children presenting to hospital: a prospective cohort study. *Lancet Child & Adolescent Health*, v. 9, n. 7, p. 450-458, 2025. Disponível em: https://www.thelancet.com/journals/lanchi/article/PIIS2352-4642(25)00098-7/abstract. Acesso em: 10 jun. 2025.

13 ALVES, Ravenna. Intuição dos pais supera sinais vitais para prever doenças em crianças. *Metrópoles*, [*S. l.*], 30 maio 2023. Disponível em: https://www.metropoles.com/saude/intuicao-pais-detectar-doencas-criancas. Acesso em: 10 jun. 2025.

14 BARGH, John. *O cérebro intuitivo*: os processos inconscientes que nos levam a fazer o que fazemos. 1. ed. São Paulo: Objetiva, 2020. p. 21.

15 *Ibidem*, p. 20.

16 A tradução de trechos em obras estrangeiras é da autora, com exceção daquelas indicadas por nota bibliográfica. (N.E.)

CAPÍTULO 2

17 SADHGURU. [*S. l.*], 19 out. 2023. Twitter: @SadhguruJV. Tradução da autora. Disponível em: https://x.com/SadhguruJV/status/1715188768981041431?lang=en&utm_source=chatgpt.com. Acesso em: 14 maio 2025.

18 CHAVES, Petria. A espiritualidade na psiquiatria: ciência, experiências e a busca por respostas. *In*: Futebol Globo CBN. *Revista CBN*. [*S. l.*], 1º fev. 2025. Disponível em: https://futebolglobocbn.globo.com/media/audio/455064/espiritualidade-na-psiquiatria-ciencia-experiencia.html. Acesso em: 14 maio 2025.

19 O PODER da Intuição (Legendado). [*S. l.*: *s. n.*], 2017. 1 vídeo (1h14min59s). Publicado pelo YouTube Filmes. Disponível em: https://www.youtube.com/watch?v=ZO3xUEH-UlM. Acesso em: 14 maio 2025.

20 CHOPRA, Deepak. *Reinventando o Corpo, Reanimando a Alma*. 1. ed. Rio de Janeiro: Rocco, 2010. p. 164.

21 LIVRARIA DA FOLHA. Livro explora a história pouco conhecida descobertas científicas; leia trecho. *Folha Online*, São Paulo, 18 abr. 2010. Disponível em: https://www1.folha.uol.com.br/folha/livrariadafolha/ult10082u722166.shtml. Acesso em: 14 maio 2025.

22 BEAUREGARD, Mario; O'LEARY, Denise. *O cérebro espiritual*: uma explicação neurocientífica para a existência da alma. Rio de Janeiro: Best Seller, 2010. p. 274.

23 PÉCHY, Amanda. "O livre-arbítrio é um mito", diz Robert Sapolsky, neurocientista de Stanford. *Veja*. [*S. l.*], 4 abr. 2025. Disponível em: https://veja.abril.com.br/paginas-amarelas/o-livre-arbitrio-e-um-mito-diz-robert-sapolsky-neurocientista-de-stanford/#google_vignette. Acesso em: 14 maio 2025.

CAPÍTULO 3

24 CAMPBELL, Joseph; MOYERS, Bill. *O poder do mito*. 29. ed. São Paulo: Palas Athena, 1992.

25 MARTINS, Alejandra. "Temos 7 sentidos – e os 5 mais conhecidos são os menos importantes". BBC. *BBC News Mundo*. [*S. l.*], 26 fev. 2023. Disponível em: https://www.bbc.com/portuguese/articles/cxx79170863o. Acesso em: 14 maio 2025.

26 ZHENG, Jieyu; MEISTER, Markus. The unbearable slowness of being: Why do we live at 10 bits/s?. *Neuron,* v. 133, n. 2, p. 192-204, 2025. Disponível em: https://pubmed.ncbi.nlm.nih.gov/39694032/. Acesso em: 14 maio 2025.

27 *Ibidem.*

28 LOKHORST, Gert-Jan. Descartes and the Pineal Gland. *The Stanford Encyclopedia of Philosophy,* Stanford: Stanford University, 2021. Disponível em: https://plato.stanford.edu/archives/win2021/entries/pineal-gland/. Acesso em: 14 maio 2025.

29 SÉRGIO FELIPE DE OLIVEIRA. Instituto Dr. Sérgio Felipe de Oliveira. [*S. l.*], 2021. Disponível em: https://institutodrsergiofelipedeoliveira.com/dr-sergio-felipe-de-oliveira/. Acesso em: 14 maio 2025.

30 KOCH, Christof. Intuition May Reveal Where Expertise Resides in the Brain. *Scientific American,* [*S. l.*], 1o maio 2015. Disponível em: https://www.scientificamerican.com/article/intuition-may-reveal-where-expertise-resides-in-the-brain/. Acesso em: 14 maio 2025.

CAPÍTULO 4

31 SADGHURU. *Experience Life in a Whole New Way.* YouTube Shorts, 26 dez. 2023. Disponível em: https://www.youtube.com/shorts/DzBtS-QVcqE. Acesso em: 9 jun. 2025.

32 LENOIR, Frédéric. *A Odisseia do Sagrado*: a grande história das crenças e das espiritualidades. Tradução de Francisco Morás. Petrópolis, RJ: Editora Vozes, 2023. p. 359.

33 *Ibidem,* p. 363.

34 CARL Gustav Jung – Face to Face 1959 – Entrevista BBC – Colorido, Remasterizado legendas português. [*S. l.*: *s. n.*], 2024. 1 vídeo (36min). Publicado pelo IJEP – Instituto Junguiano de Ensino e Pesquisa, 23 maio 2024. Disponível em: https://www.youtube.com/watch?v=x5VXNeXw648. Acesso em: 14 maio 2025.

35 MELO, Kelvin Amorim de. A gênese psicopatológica da religião em Feuerbach e Freud: aproximações entre filosofia e psicanálise. *Problemata,* João Pessoa, v. 13, n. 2, p. 5-16, 2022. Disponível em: https://www.researchgate.net/publication/363822767_A_gesene_psicopatologica_da_religiao_em_Feuerbach_e_Freud_aproximacoes_entre_filosofia_e_psicanalise. Acesso em: 14 maio 2025.

36 LESSA, Elvina. A teoria dos tipos psicológicos. *Instituto Junguiano do Rio de Janeiro.* Rio de Janeiro, 10 ago. 2018. Disponível em: https://

institutojunguianorj.org.br/a-teoria-dos-tipos-psicologicos/. Acesso em: 14 maio 2025.

37 JUNG, Carl. *O livro vermelho*: liber novus. Tradução de Edgar Orth, Gentil A. Titton e Gustavo Barcellos. Edição de Sonu Shamdasani. Petrópolis: Editora Vozes, 2017.

38 BENFEY, O. Theodore. August Kekule and the birth of the structural theory of organic chemistry in 1858. *Journal of Chemical Education*, v. 53, n. 1, p. 21, 1958. Disponível em: https://pubs.acs.org/doi/10.1021/ed035p21. Acesso em: 22 out. 2024.

39 CSIKSZENTMIHALYI, Mihaly. *Criatividade*: o flow e a psicologia das descobertas e das invenções. São Paulo: Objetiva, 2023. p. 109.

40 CSIKSZENTMIHALYI, Mihaly. *Flow*: a psicologia do alto desempenho e da felicidade. Ed. rev. e atual. São Paulo: Objetiva, 2020. 336p.

41 CARL Gustav Jung – Face to Face 1959 – Entrevista BBC – Colorido, Remasterizado legendas português. [*S. l.*: *s. n.*], 23 maio 2024. 1 vídeo (36min). Publicado pelo IJEP – Instituto Junguiano de Ensino e Pesquisa. Disponível em: https://www.youtube.com/watch?v=x5VXNeXw648. Acesso em: 14 maio 2025.

CAPÍTULO 5

42 VINHAS, Tânia. Frase da semana: "A imaginação é mais importante que o conhecimento" (Einstein). *SuperInteressante*, 19 ago. 2024. Disponível em: https://super.abril.com.br/coluna/superblog/frase-da-semana-8220-a-imaginacao-e-mais-importante-que-o-conhecimento-8221-einstein. Acesso em: 9 jun. 2025.

43 CAMILOTO, Dimitri. [*S. l.*], 28 set. 2024. Threads: @dimitri_camiloto. Disponível em: https://www.threads.net/@dimitri_camiloto/post/DAdVxD6JmFV. Acesso em: 14 maio 2025.

44 DUNNE, Claire. *Carl Jung*: curador ferido de almas. Tradução de Eliana Rocha. São Paulo: Editora Alaúde, 2012. p. 185.

45 *Ibidem*, p. 187.

46 HALPERN, Paul. The Synchronicity of Wolfgang Pauli and Carl Jung. *Nautilus*. [*S. l.*], 18 nov. 2020. Disponível em: https://nautil.us/the-synchronicity-of-wolfgang-pauli-and-carl-jung-238037/. Acesso em: 14 maio 2025.

47 VENTURA, Dalia. Quem foi Wolfgang Pauli, físico brilhante citado por Einstein como seu sucessor intelectual. *BBC News Brasil*. [*S. l.*]. 4 fev. 2024. Disponível em: https://www.bbc.com/portuguese/articles/c9w4yg8dlv8o. Acesso em: 14 maio 2025.

48 RESENDE, Pedro Henrique Costa de; MOREIRA-ALMEIDA, Alexander. Contribuições da pesquisa sobre percepção extrassensorial de J. B. Rhine para o conceito de sincronicidade de C. G. Jung. *Horizonte*, Belo Horizonte, v. 20, n. 62, e206205, maio/ago. 2022. Disponível em: https://periodicos.pucminas.br/horizonte/article/view/26968/20838. Acesso em: 14 maio 2025.

49 RODA Viva | Miguel Nicolelis | 28/07/2025. [S. l.: s. n.], 28 jul. 2025. 1 vídeo (1h35min). Publicado pelo Roda Viva. Disponível em: https://www.youtube.com/watch?v=LkQ9oXiRzMc&t=468s. Acesso em: 05 ago. 2025.

50 DUNNE, Claire. *Carl Jung*: curador ferido de almas. Tradução de Eliana Rocha. São Paulo: Editora Alaúde, 2012. p. 185.

CAPÍTULO 6

51 SHIVA, Vandana. *The Seeds of Vandana Shiva*. [*S. l.*], 19 ago. 2024. Instagram: @mangutv. Disponível em: https://www.instagram.com/reel/C-3d1klyUkR/?igsh=M2w1dWloZDF4dzF3. Acesso em: 14 maio 2025.

52 SOLOMON, Saskia. Existe vida após a morte? Cientistas estudam reencarnação e comunicação com o 'além'; entenda. *In*: O Globo. *Época*. [*S. l.*]. 9 jan. 2025. Disponível em: https://oglobo.globo.com/mundo/epoca/noticia/2025/01/09/existe-vida-apos-a-morte-cientistas-estudam-reencarnacao-e-comunicacao-com-o-alem-entenda.ghtml. Acesso em: 14 maio 2025.

53 RODA Viva | Davi Kopenawa | 15/04/2024. [*S. l.*: *s. n.*], 15 abr. 2024. 1 vídeo (1h54min15s). Publicado pelo Roda Viva. Disponível em: https://www.youtube.com/watch?v=davOEBFhU0U. Acesso em: 14 maio 2025.

54 ROQUE, Tatiana. *O dia em que voltamos de Marte*: uma história da ciência e do poder com pistas para um novo presente. São Paulo: Crítica, 2021.

55 LENOIR, Frédéric. A *Odisseia do Sagrado*: a grande história das crenças e das espiritualidades. Tradução de Francisco Morás. Petrópolis, RJ: Editora Vozes, 2023. p. 340.

56 MELO, Kelvin Amorim de. A gênese psicopatológica da religião em Feuerbach e Freud: aproximações entre filosofia e psicanálise. *Problemata*, João Pessoa, v. 13, n. 2, p. 5-16, 2022. Disponível em: https://www.researchgate.net/publication/363822767_A_gesene_psicopatologica_da_religiao_em_Feuerbach_e_Freud_aproximacoes_entre_filosofia_e_psicanalise. Acesso em: 14 maio 2025.

57 WOOLF, Virginia. *Um teto todo seu.* Tradução de Bia Nunes de Souza. São Paulo: Tordesilhas, 2014.

58 WOOLF, Virginia. *Três guinéus.* Tradução de Tomaz Tadeu. São Paulo: Autêntica, 2019.

59 *Ibidem*, p. 118.

60 WOOLF, Virginia. *Profissões para mulheres e outros artigos feministas.* Porto Alegre: L&PM Pocket, p. 11-12.

61 RODRÍGUEZ, Margarita. Henri Bergson, o filósofo que desafiou Einstein e mudou para sempre a discussão sobre natureza do tempo. *BBC News Brasil*, 13 out. 2024. Disponível em: https://www.bbc.com/portuguese/articles/c99vp7v5zv9o. Acesso em: 10 jun. 2025.

62 BERGSON, Henri. *A evolução criadora.* Tradução de Adolfo Casais Monteiro. São Paulo: Editora Unesp, 2010.

63 RODRÍGUEZ, Margarita. Henri Bergson, o filósofo que desafiou Einstein e mudou para sempre a discussão sobre natureza do tempo. *BBC News Mundo*, 13 out. 2024. Disponível em: https://www.bbc.com/portuguese/articles/c99vp7v5zv9o. Acesso em: 10 jun. 2025.

64 BERGSON, Henri. *Les deux sources de la morale et de la religion.* Paris: PUF, 1951. p. 76. Apud ROCHA, Dilson Brito da. Misticismo e religião em Henri Bergson. *Seara Filosófica*, n. 22, 2021. Disponível em: https://periodicos.ufpel.edu.br/index.php/searafilosofica/article/view/21287. Acesso em: 9 jun. 2025.

65 MCLOUGHLIN, Killian L.; BRADY, William J.; GOOLSBEE, Aden *et al.* Misinformation exploits outrage to spread online. Sience, [*S. l.*], v. 386, n. 6725, p. 991-996, 28 nov. 2024. Disponível em: https://www.science.org/doi/10.1126/science.adl2829. Acesso em: 14 maio 2025.

CAPÍTULO 7

66 RESENDE, Pedro Henrique Costa de; MOREIRA-ALMEIDA, Alexander. Contribuições da pesquisa sobre percepção extrassensorial de J. B. Rhine para o conceito de sincronicidade de C. G. Jung. *Horizonte*, Belo Horizonte, v. 20, n. 62, e206205, maio/ago. 2022. Disponível em: https://periodicos.pucminas.br/horizonte/article/view/26968/20838. Acesso em: 14 maio 2025.

67 UNDERSTANDING conscious experience isn't beyond the realm of science. *NewScientist.* [*S. l.*], 12 mar. 2025. Disponível em: https://www.newscientist.com/article/mg26535342-800-understanding-

conscious-experience-isnt-beyond-the-realm-of-science/?utm_source=nssub-acq&utm_medium=email&utm_campaign=nssub%20acq_disengaged_lo%20flow_e2. Acesso em: 14 maio 2025.

68 ORTIZ, Brenda. Fé ajuda na cura? Conselho Federal de Medicina cria Comissão de Saúde e Espiritualidade. *g1*. Distrito Federal, 16 mar. 2025. Disponível em: https://g1.globo.com/df/distrito-federal/noticia/2025/03/16/fe-ajuda-na-cura-conselho-federal-de-medicina-cria-comissao-de-saude-e-espiritualidade.ghtml. Acesso em: 14 maio 2025.

69 WONDRACEK, Karin Kepler. Brasileiro recebe prêmio internacional por pesquisa sobre espiritualidade. *Folha de S.Paulo*. São Paulo, 19 fev. 2025. Disponível em: https://www1.folha.uol.com.br/cotidiano/2025/02/brasileiro-recebe-premio-internacional-por-pesquisa-sobre-espiritualidade.shtml. Acesso em: 14 maio 2025.

70 MOREIRA-ALMEIDA, Alexander; COSTA, Marianna de Abreu; COELHO, Humberto Schubert. *Ciência da vida após a morte*. Belo Horizonte: Ampla, 2023.

71 NAGEL, Thomas. *Mind & Cosmos*: Why the Materialist Neo-Darwinian Conception of Nature Is Almost Certainly False. Nova Iorque: Oxford University Press, 2012.

72 GATTAZ, Wagner Farid; COSTA, Marianna de Abreu; SALATINO-OLIVEIRA, Angélica *et al.* Candidate Genes Related to Spiritual Mediumship: A Whole Exome Sequencing Analysis of Highly Gifted Mediums. *Brazilian Journal of Psychiatry*, [*S. l.*], p. 1-29, 10 dez. 2025. Disponível em: http://dx.doi.org/10.47626/1516-4446-2024-3958. Acesso em: 14 maio 2025.

73 BALLOUSSIER, Anna Virginia. Médiuns têm alterações genéticas, mostra estudo coordenado pela USP. *Folha de S.Paulo*. São Paulo, 18 fev. 2025. Disponível em: https://www1.folha.uol.com.br/equilibrio/2025/02/mediuns-tem-alteracoes-geneticas-mostra-estudo-coordenado-pela-usp.shtml. Acesso em: 14 maio 2025.

74 Stevens Rehen [@stevensrehen]. Correspondências entre o escritor Aldous Huxley e o psiquiatra Humphry Osmond [Instagram], 27 maio 2025. Disponível em: https://www.instagram.com/p/DJ5i8M1OkwN/?utm_source=ig_web_copy_link&igsh=MzRlODBiNWFlZA%3D%3D. Acesso em: 10 jun. 2025.

75 *Ibidem*.

76 HARRISON, P. *Some New World*: Myths of Supernatural Belief in a Secular Age. Cambridge: Cambridge University Press, 2024.

77 MINUANO, Carlos. DMT, a "molécula do espírito" que pode virar tratamento para depressão. *Carta Capital*. [*S. l.*], 4 fev. 2023. Disponível em: https://www.cartacapital.com.br/saude/dmt-a-molecula-do-espirito-que-pode-virar-tratamento-para-depressao/. Acesso em: 14 maio 2025.

78 GUIMARÃES, Erick. Cientistas avançam nos estudos sobre a DMT, a "molécula do espírito", que pode ajudar a combater a depressão grave. *Agência UFC*. [*S. l.*], 18 out. 2023. Disponível em: https://agencia.ufc.br/cientistas-avancam-nos-estudos-sobre-a-dmt-a-molecula-do-espirito-que-pode-ajudar-a-combater-a-depressao-grave/. Acesso em: 14 maio 2025.

79 LEITE, Marcelo. *A ciência encantada de Jurema*: como uma raiz da caatinga uniu indígenas e africanos na resistência anticolonial e hoje inspira pesquisas psicodélicas. São Paulo: Fósforo, 2025.

80 MALCOM, Kelly. 'Mystical' Psychedelic Compound Found in Normal Brains. *Michigan Medicine*. [*S. l.*], 27 jun. 2019. Disponível em: https://www.michiganmedicine.org/health-lab/mystical-psychedelic-compound-found-normal-brains. Acesso em: 14 maio 2025.

81 COSTA, Luisa. Estudo britânico mostra como a ayahuasca afeta o cérebro. *SuperInteressante*. [S .l.], 22 mar. 2023. Disponível em: https://super.abril.com.br/ciencia/estudo-britanico-mostra-como-a-ayahuasca-afeta-o-cerebro. Acesso em: 14 maio 2025.

82 CARBINATTO, Bruno. O que é a teoria do centésimo macaco? *SuperInteressante*. [*S. l.*], 16 jul. 2024. Disponível em: https://super.abril.com.br/ciencia/o-que-e-a-teoria-do-centesimo-macaco. Acesso em: 14 maio 2025.

83 RAMOS, José. Campos Mórficos – A Memória da Natureza. *Nova Acrópole*, [*S. l.*: s. d.]. Disponível em: https://www.nova-acropole.pt/campos-morficos-a-memoria-da-natureza/. Acesso em: 14 maio 2025.

84 *Ibidem*.

CAPÍTULO 8

85 INTELIGÊNCIA vs. Consciência Artificial | Sadhguru Português. [*S. l.*: *s. n.*], 2023. 1 vídeo (14min36s). Publicado pelo Canal Sadhguru Português. Disponível em: https://www.youtube.com/watch?v=r9FZlvHlVfQ. Acesso em: 14 maio 2025.

86 SERGIO CORTELLA, Mario. *O que você precisa saber para ser um ser humano perfeito*. [*S. l.*], 5 mar. 2024. Instagram: @cortella. Disponível em:

https://www.instagram.com/p/C4Ib04IpkTv/?utm_source=ig_web_copy_link&igsh=MzRIODBiNWFIZA==. Acesso em: 14 maio 2025.

87 CAMPBELL, Joseph. *Na trilha do entusiasmo*: mitologia e a transformação pessoal. São Paulo: Palas Athena, 2024. p. 83.

88 JUNG, Carl. *A energia psíquica*. Tradução de Maria Luiza Appy. 14. ed. São Paulo: Editora Vozes, 2013. v. 8/1. p. 90-91.

89 DUNNE, Claire. *Carl Jung*: curador ferido de almas. Tradução de Eliana Rocha. São Paulo: Editora Alaúde, 2012. p. 187.

90 CARL Gustav Jung – Face to Face 1959 – Entrevista BBC – Colorido, Remasterizado legendas português. [*S. l.*: *s. n.*], 23 maio 2024. 1 vídeo (36min). Publicado pelo IJEP – Instituto Junguiano de Ensino e Pesquisa. Disponível em: https://www.youtube.com/watch?v=x5VXNeXw648. Acesso em: 14 maio 2025.

CAPÍTULO 9

91 SPINOZA, Baruch. *Ética*. Tradução de Tomaz Tadeu. Edição bilíngue. São Paulo: Autêntica, 2016. p. 399.

92 SPINOZA, Baruch. *Ética*. Tradução de Tomaz Tadeu. Edição monolíngue. São Paulo: Autêntica, 2016, p. 135.

93 SPINOZA, Baruch. *Ética*. Tradução de Tomaz Tadeu. Edição bilíngue. São Paulo: Autêntica, 2016, p. 215.

94 *Ibidem*, p. 131.

95 *Ibidem*, p. 135.

96 *Ibidem*, p. 135.

97 DELEUZE, Gilles. *Cursos sobre Spinoza*. Fortaleza: EdUECE, 2019.

98 TRINDADE, Rafael. Espinosa – Razão. *Razão Inadequada*. [*S. l.*], 31 out. 2013. Disponível em: https://razaoinadequada.com/2013/10/31/espinosa-e-o-segundo-genero-do-conhecimento/. Acesso em: 14 maio 2025.

99 SPINOZA, Baruch. *Ética*. Tradução de Tomaz Tadeu. Edição monolíngue. São Paulo: Autêntica, 2016. p. 125.

100 *Ibidem*, p. 126.

101 SPINOZA, Baruch. *Ética*. Tradução de Tomaz Tadeu. Edição bilíngue. São Paulo: Autêntica, 2016. p. 395.

102 TRINDADE, Rafael. Espinosa – Intuição. *Razão Inadequada*. [S.l.], 13 nov. 2013. Disponível em: https://razaoinadequada.

com/2013/10/31/espinosa-e-o-terceiro-genero-do-conhecimento/. Acesso em: 14 maio 2025.

103 SPINOZA, Baruch. *Ética.* Tradução de Tomaz Tadeu. Edição bilíngue. São Paulo: Autêntica, 2016. p. 395.

104 RODRIGUEZ, Diogo. Apenas 32% dos cargos gerenciais são ocupados por mulheres no mercado brasileiro, diz LinkedIn. *Época Negócios,* [*S. l.*], 1º abr. 2025. Disponível em: https://epocanegocios.globo.com/futuro-do-trabalho/noticia/2025/04/apenas-32percent-das-mulheres-chegam-a-cargos-de-gerencia-no-brasil-revela-linkedin.ghtml. Acesso em: 14 maio 2025. (grifo meu)

105 MAHARAJ, Srila Bhakti Raksak Sridhar Dev-Goswami. *O tesouro oculto do doce absoluto.* Traduzido por Sripad Bhakti Vilas Tapasvi Maharaj. São Paulo: Editora Santuário, 2017. p. 253.

106 *Ibidem,* p. 254.

CAPÍTULO 10

107 WILLARD, Dallas. *Ouvindo Deus*: desenvolvendo um relacionamento de diálogo com Deus. [*S. l.*: s. d.], 2002. 280p.

108 *Ibidem.*

109 WILLARD, Dallas. *A conspiração divina*: redescobrindo nossa vida oculta em Deus. Tradução de Elissamai Bauleo. Rio de Janeiro: Thomas Nelson Brasil, 2021.

110 PENSADORES Judeus – ABRAHAM JOSHUA HESCHEL. [*S. l.*: *s. n.*], 31 jan. 2022. 1 vídeo (1h17min13s). Publicado pelo Canal LABÔ PUC-SP,. Disponível em: https://www.youtube.com/watch?v=4tZ53BvwSoA. Acesso em: 10 jun. 2025.

111 *Ibidem.*

CAPÍTULO 11

112 GOSWAMI, Amit. *A física da alma*: a explicação científica para a reencarnação, a imortalidade e as experiências de quase morte. Tradução de Marcello Borges. São Paulo: Aleph, 2009. p. 211.

113 'YOU'VE GOT to find what you love,' Jobs says. *Stanford Report,* [*S. l.*], 12 jun. 2005. Disponível em: https://news.stanford.edu/stories/2005/06/youve-got-find-love-jobs-says. Acesso em: 14 maio 2025.

114 *Ibidem.*

CAPÍTULO 12

115 CAPRA, Fritjof. *O ponto de mutação*: a ciência, a sociedade e a cultura emergente. 10. ed. São Paulo: Editora Cultrix, 1995. p. 53.

CAPÍTULO 13

116 ESTÉS, Clarissa Pinkola. *Mulheres que correm com os lobos*: mitos e histórias do arquétipo da mulher selvagem. Tradução de Waldéa Barcellos. Rio de Janeiro: Rocco, 1999. p. 68.

117 MARTINS, Alejandra. "Temos 7 sentidos – e os 5 mais conhecidos são os menos importantes". *BBC News Mundo*. [*S. l.*], 26 fev. 2023. Disponível em: https://www.bbc.com/portuguese/articles/cxx79170863o. Acesso em: 14 maio 2025.

118 *Ibidem*.

119 NESTOR, James. *Respire*: a nova ciência de uma arte perdida. Tradução de Petê Rissatti. Rio de Janeiro: Intrínseca, 2024.

120 CHEVALIER, Gaétan; SINATRA, Stephen T.; OSCHMAN, James L. *et al*. Earthing: health implications of reconnecting the human body to the Earth's surface electrons. *Journal of Environmental and Public Health*, [*S. l.*], 12 jan. 2012. Disponível em: https://doi.org/10.1155/2012/291541. Acesso em: 14 maio 2025.

121 SINATRA, Stephen T.; SINATRA, Drew S.; SINATRA STEP, Stephen W.; CHEVALIER, Gaetan d et. Grounding – The universal anti-inflammatory remedy. *Biomedical Journal*, [*S. l.*], v. 46, n. 1, p. 11-16, 2023. Disponível em: https://www.sciencedirect.com/science/article/pii/S2319417022001706?via%3Dihub. Acesso em: 14 maio 2025.

122 SINATRA, Stephen; OSCHMAN, James L.; CHEVALIER, Gaétan; SINATRA, Drew. Electric Nutrition: The Surprising Health and Healing Benefits of Biological Grounding (Earthing). *Alternative Therapies in Health and Medicine*. [*S. l.*], 2025. Disponível em: https://www.alternative-therapies.com/index.cfm/fuseaction/Content.Main/id/2123/OA-ElectricNutrition:TheSurprisingHealthandHealingBenefitsofBiologicalGrounding(Earthing). Acesso em: 14 maio 2025.

123 KONIVER, Laura. Practical applications of grounding to support health. *Biomedical Journal*, [*S. l.*], n. 46, p. 41-47, fev. 2023. Disponível em: https://www.sciencedirect.com/science/article/pii/S2319417022001585?via%3Dihub. Acesso em: 14 maio 2025.

124 ESTÉS, Clarissa Pinkola. *Mulheres que correm com os lobos*: mitos e histórias do arquétipo da mulher selvagem. Tradução de Waldéa Barcellos. Rio de Janeiro: Rocco, 1999. p. 57.

CAPÍTULO 14

125 CAPRA, Fritjof. *O tao da física*. Tradução de José Fernandes Dias. São Paulo: Editora Cultrix, 2006. p. 103.

126 LOKHORST, Gert-Jan. Descartes and the Pineal Gland. The Stanford Encyclopedia of Philosophy, Stanford: Stanford University, 25 abr. 2005. Disponível em: https://plato.stanford.edu/archives/win2021/entries/pineal-gland/. Acesso em: 14 maio 2025.

127 MANSUR, ALEXANDRE. O pediatra que receita natureza para a saúde das crianças. *Época*. [S.l.]. 25 nov. 2016. Disponível em: https://epoca.globo.com/ciencia-e-meio-ambiente/blog-do-planeta/noticia/2016/11/o-pediatra-que-receita-natureza-para-saude-das-criancas.html. Acesso em: 14 maio 2025.

CAPÍTULO 15

128 KOPENAWA, Davi; ALBERT, Bruce. *A queda do céu*: palavras de um xamã yanomami. São Paulo: Companhia das Letras, 2015.

129 BURACO no céu. *In*: Ikorẽ. *Programa de Índio*, [*S. l.*], 24 jul. 1988. Disponível em: http://ikore.com.br/programa/buraco-no-ceu/. Acesso em: 14 maio 2025.

130 LENOIR, Frédéric. *A Odisseia do Sagrado*: a grande história das crenças e das espiritualidades. Tradução de Francisco Morás. Petrópolis, RJ: Editora Vozes, 2023. p. 441-442.

131 MAHARAJ, Srila Bhakti Raksak Sridhar Dev-Goswami. *O tesouro oculto do doce absoluto*. Traduzido por Sripad Bhakti Vilas Tapasvi Maharaj. São Paulo: Editora Santuário, 2017. p. 260.

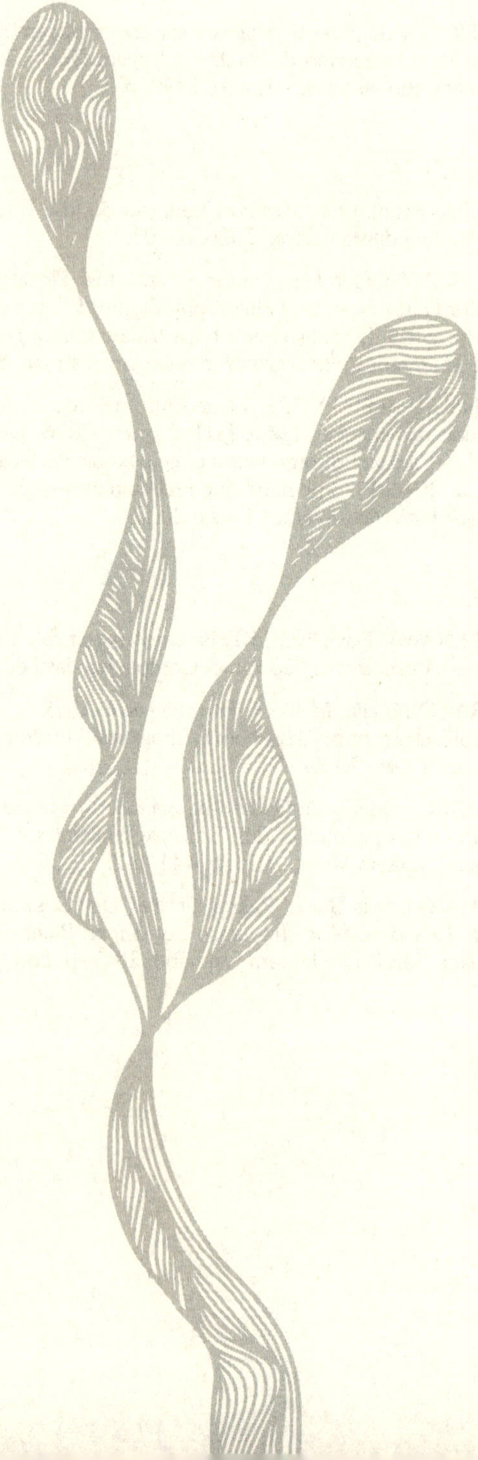